AF654320

# पिता का पत्र पुत्री के नाम

जवाहरलाल नेहरू

डायमंड बुक्स

www.diamondbooks.in

| प्रकाशक | : | डायमंड पॉकेट बुक्स (प्रा.) लि.<br>X-30 ओखला इंडस्ट्रियल एरिया, फेज-II<br>नई दिल्ली- 110020 |
| --- | --- | --- |
| फोन | : | 011-40712200 |
| ई-मेल | : | wecare@diamondbooks.in |
| वेबसाइट | : | www.diamondbooks.in |
| संस्करण | : | 2024 |

**Pita Ka Patra Putri ke Naam**

By - *Jawaharlal Nehru*

# प्रकाशकीय

**मेरी हमेशा से इच्छा रहती है कि मैं समाज को विविध साहित्य से परिचित करवा सकूँ जो समाज के वैचारिकी को समृद्ध कर सके। पंडित जवाहरलाल नेहरू** सिर्फ एक राजनेता ही नहीं, बल्कि एक कुशल लेखक और विचारक भी थे। उनकी लेखनी में राष्ट्रीयता, मानवता और प्रकृति के प्रति गहरा प्रेम झलकता है। नेहरू जी ने जेल में रहते हुए अपनी आत्मकथा लिखी, जो भारतीय स्वतंत्रता संग्राम के एक महत्वपूर्ण दस्तावेज के रूप में जानी जाती है। इनकी कुछ प्रमुख पुस्तकें-: विश्व इतिहास की झलक, मेरी कहानी, हिंदुस्तान की कहानी, पिता के पत्र पुत्री के नाम, राजनीति से दूर आदि हैं।

**नेहरू के साहित्य की प्रमुख विशेषताएं:**

- नेहरू जी की लेखनी सरल और सहज है। उन्होंने जटिल विचारों को सरल शब्दों में व्यक्त करने की कला में महारत हासिल की थी।
- नेहरू जी का दृष्टिकोण वैश्विक था। उन्होंने भारतीय संस्कृति और इतिहास के साथ-साथ विश्व के विभिन्न देशों और संस्कृतियों का भी गहरा अध्ययन किया था।
- नेहरू जी बच्चों से बहुत प्यार करते थे। उन्होंने बच्चों के लिए कई किताबें लिखीं, जिनमें 'पंचशील की कहानी' और 'भारत की खोज' प्रमुख हैं।
- नेहरू जी को इतिहास और संस्कृति से गहरा लगाव था। उन्होंने भारतीय इतिहास और संस्कृति पर कई लेख लिखे हैं।

नेहरू जी का साहित्य न केवल भारतीय साहित्य का एक महत्वपूर्ण हिस्सा है, बल्कि यह भारतीय संस्कृति और इतिहास को समझने के लिए भी एक महत्वपूर्ण स्रोत है। उनकी लेखनी ने कई पीढ़ियों को प्रेरित किया है और भारतीयों में राष्ट्रीय एकता और गौरव की भावना पैदा की है। पंडित जवाहरलाल नेहरू एक महान राजनेता होने के साथ-साथ एक कुशल लेखक भी थे। उनका साहित्य भारतीय साहित्य का एक अमूल्य रत्न है। मैं आशा करता हूँ की पाठकों को नेहरु का समस्त साहित्य पसंद आयेगा।

नरेन्द्र कुमार वर्मा
nk@cpb.in

# 1. इंदिरा नेहरू को[1]

**देहरादून जेल**
**23 जनवरी, 1933**

**प्यारी इंदु**

साढ़े सात महीने के बाद होनेवाली हमारी मुलाक़ात आई और गई, तुम फिर बहुत दूर पूना में हो। तुम्हें तंदुरुस्त और खुश देखकर मुझे अच्छा लगा। लेकिन ऐसी मुख्तसिर मुलाक़ात से क्या फ़ायदा जब हर बात के लिए जल्दी करनी पड़े और बराबर घड़ी पर निगाह रखनी पड़े? जो बहुत-सी बातें मैं तुमसे कहना और दरियाफ़्त करना चाहता था, उनमें से बहुत थोड़ी ही उस वक़्त मुझे याद आ सकी। अब फिर मैं कई महीनों तक तुम्हें नहीं देख सकूँगा।

मैंने ख़त लिखकर मिस्टर वकील को यह सुझाव दिया है कि मैट्रिकुलेशन के बजाय तुम सीनियर कैंब्रिज के लिए तैयारी करो। आगे अगर तुम्हें यूरोप में पढ़ना है तो सीनियर ग़ालिबन ज़्यादा मुनासिब रहेगा। आगे तुम कहाँ पढ़ोगी, यह मैं नहीं जानता। कभी मिलने पर इस पर ग़ौर करना होगा। कोई जल्दी नहीं है। बहुत-कुछ इस पर मुनहसिर होगा कि तुम क्या बनना चाहती हो। तुमने कभी इस बारे में सोचा है? पिछले साल तुमने एक बार मुझे लिखा था कि तुम एक शिक्षक बनना चाहती हो। दूसरों को पढ़ाना बहुत बढ़िया काम है, लेकिन बेशक पढ़ाया तभी जा सकता है जब खुद बहुत- सा सीख लिया गया हो। दुनिया में और बहुत-से दिलकश काम हैं लेकिन अच्छी तरह से कुछ भी करने के लिए बहुत काफ़ी ट्रेनिंग की ज़रूरत होती है। हिंदुस्तान में लड़कों या लड़कियों के सामने रोजगार या काम के बहुत- से रास्ते नहीं खुले रहते। लड़कों की बड़ी तादाद वकील बनना या नौकरी करना चाहती है। लड़कियाँ भी उसी ढर्रे पर चलने की कोशिश कर रही हैं। लेकिन यह तो सिर्फ़ पैसा कमाने का एक रास्ता है। पैसा कमाना ही काफ़ी अच्छी बात नहीं है, हालाँकि मौजूदा दुनिया में कुछ पैसा कमाना ही पड़ता है। ज़्यादा महत्त्व इस बात का है कि कुछ उपयोगी काम किया जाए, जिससे उस बड़े समाज का हित हो जिसमें हम रहते हैं। अपने पुराने पेशे वकालत को मैं निहायत नापसंद करता हूँ। मैं इसे असामाजिक पेशा कहता हूँ, क्योंकि समाज को इससे फ़ायदा नहीं होता। यह लोगों को लालची बना देता है और सिर्फ़ होशियार बनाता है कि दूसरों का खून चूसा जा सके। इस वास्ते मैं

---

[1] इंदिरा गांधी के कागज़ात, ने. स्मा. सं. पु.।

वकालत को अच्छा नहीं कह सकता। वह न कोई चीज़ पैदा करता है और न दुनिया की अच्छी चीज़ों में कोई बढ़ोतरी करता है। वह तो महज़ दूसरों की चीज़ों का एक हिस्सा ले लेता है।

वकील के पेशे की तरह कुछ दूसरे असामाजिक धंधे भी हैं। दरअसल आज भी हिंदुस्तान में सबसे ज़्यादा इज्जत उन्हीं लोगों को हासिल है जो खुद कुछ नहीं करते और उनके पुरखे उनके लिए जो कुछ छोड़ गए हैं, उसी के सहारे ऐशो - इशरत की जिंदगी बसर करते हैं। हमें इन सारे असामाजिक लोगों का ख़याल नहीं करना चाहिए।

काम के सामाजिक और उपयोगी स्वरूप क्या हैं? वे इतने सारे हैं कि मैं एक सूची तक नहीं बना सकता। हमारी आज की दुनिया ऐसी पेचीदा है कि इसे चालू रखने के लिए हज़ारों क़िस्म के कामों की ज़रूरत है। ज्यों- ज्यों तुम बड़ी होती जाओगी और पढ़ोगी और तुम्हारी जानकारी का दायरा बढ़ेगा, तुम्हें तरह-तरह के इन कामों की कुछ झाँकी मिलेगी - दुनिय के मुख़्तलिफ़ हिस्सों में करोड़ों लोग सामान तैयार कर रहे हैं - खाना, कपड़ा और बेशुमार दीगर चीज़ें करोड़ों आदमी इन चीज़ों को दूसरों तक पहुँचा रहे हैं और बाँट रहे हैं। किसी दूकान पर तुम कोई चीज़ ख़रीदती हो। दूकान के पीछे सब तरह की फैक्टरियाँ और मशीनें और मज़दूर और इंजीनियर हैं। और फैक्टरियों के पीछे खेत हैं और खानें हैं, जिनसे कच्चा माल मिलता है। यह सब बहुत पेचीदा और दिलकश है। और करने लायक़ काम यह है कि हममें से हर किसी को इस उपयोगी काम में हाथ बँटाना चाहिए।

हम वैज्ञानिक बन सकते हैं, क्योंकि आज हर चीज़ के पीछे विज्ञान है; या फिर हम इंजीनियर हो सकते हैं या वे जो विज्ञान का उपयोग आदमी की रोजाना ज़रूरतों के लिए करते हैं; या डॉक्टर हो सकते हैं, जो इनसान की तकलीफ़ कम करने के लिए विज्ञान का उपयोग करते हैं और तंदुरुस्ती और सफ़ाई वगैरह के तरीक़ों और दीगर रोक-थाम के उपायों से बीमारियों की जड़ उखाड़ते हैं; और शिक्षक और शिक्षाविद हो सकते हैं, जो सब उम्र के बच्चों से लेकर बालिग मर्द औरतों तक को पढ़ाते हैं, या नए ज़माने की जानकारीवाले किसान बनकर नए वैज्ञानिक उपायों से पैदावार बढ़ा सकते और इस तरह देश की दौलत बढ़ा सकते हैं। इसी तरह के और भी बहुतेरे काम हो सकते हैं।

मैं तुमसे जो कहना चाहता हूँ वह यह है कि हम उस बहुत बड़ी जीती- जागती चीज़ के हिस्से हैं, जिसे समाज कहते हैं, जिसमें सब तरह के मर्द - औरतें और बच्चे हैं। हम इस बात को नज़रअंदाज़ नहीं कर सकते और अपनी मर्ज़ी के मुताबिक जो चाहें वही नहीं करते रह सकते। यह तो वैसा ही होगा जैसे हमारी एक टाँग बाकी ज़िस्म की परवाह किए बिना चलने का फ़ैसला कर ले इसलिए हमें अपने काम का डौल इस तरह बैठाना पड़ता है कि समाज को अपना काम निबटाने में मदद मिले, हिंदुस्तानी होने की वजह से हमें

हिंदुस्तान में काम करना होगा। हमारे मुल्क में तरह-तरह की तब्दीलियाँ होने जा रही हैं और कोई नहीं कह सकता कि कुछ बरसों में इसकी शक्ल क्या होगी। लेकिन जिसे कुछ उपयोगी काम करने की ट्रेनिंग मिल चुकी है, वह हमेशा समाज का एक बेशक़ीमत सदस्य होता है।

मैंने यह सब सिर्फ़ इसलिए लिखा है कि तुम इसके बारे में सोच सको। बेशक मैं चाहता हूँ कि जब तुम बड़ी हो जाओ तो मज़बूत बनो, अपने पैरों पर खड़ी हो सको और उपयोगी काम करने के लिए अच्छी तरह तालीम पा चुकी होओ। तुम दूसरों पर मुनहसिर नहीं रहना चाहतीं। फ़ैसला करने की अभी कोई जल्दी नहीं है।

अगर अपनी पढ़ाई के लिए तुम यूरोप जाना चाहो तो तुम्हें फ्रांसीसी भाषा अच्छी तरह जाननी चाहिए। मैं यह भी चाहूँगा कि तुम जर्मन भी जान जाओ क्योंकि बहुत-सी बातों के लिए यह काफ़ी फ़ायदेमंद है। लेकिन उसकी जल्दी नहीं है। उम्र जितनी कम होती है, भाषाएँ सीखना उतना ही आसान होता है।

क्या तुम जानती हो कि अब तुम लगभग ठीक उसी उम्र की हो जो मेरी थी, जब मैं पहली बार दादू के साथ इंग्लैंड गया था और हैरो स्कूल में भर्ती कराया गया था? यह बहुत पुरानी बात है, 28 साल पहले की!

आज यहाँ बर्फ़ गिरी है और सारे पहाड़ बर्फ से फिर ढक गए हैं। इस ख़ुशनुमा नजारे को देखने की ख़ुशक़िस्मती तुम्हें हासिल नहीं हो सकी।

मेरा ढेर-सा प्यार,

**तुम्हारा प्यारा**
**पापू**

# 2. इंदिरा नेहरू को[1]

**देहरादून जेल**
**7 फ़रवरी, 1933**

**प्यारी इंदु,**

तुम्हारा ख़त मिला। तुम्हें इस बात के लिए परेशान होने की ज़रूरत नहीं है कि तुम उन तारीख़ों का पक्का हिसाब रखो जब तुम्हें मुझको ख़त लिखना है। मोटे तौर पर पखवाड़े में एक बार मुझे ख़त लिखा करो - समझो कि महीने के शुरू में और बीच में - और नियत समय पर तुम्हारा ख़त मुझे मिल जाया करेगा। या तुम्हें जब मेरा ख़त मिले तो जवाब लिख दिया करो।

मिस्टर वकील को मैंने जो पोस्टकार्ड भेजा है, उसमें यह देखकर तुम्हें ताज्जुब हुआ होगा कि तुम्हारे मैट्रिक में बैठने के बारे में मैंने अपनी राय बदल दी है। इस अचानक तब्दीली के लिए मुझे तुमसे माफी माँगनी है। जब तुम यहाँ मुझसे मिलने आई थीं तो शायद इस बारे में हमारी बात भी नहीं हुई थी। मैट्रिक के इम्तिहान को मैं इसलिए नापसंद करता हूँ, क्योंकि इसका मकसद सिर्फ़ यहाँ की यूनिवर्सिटियों के लिए दरवाजा खोल देने का है, जिसका मुझे कोई चाव नहीं है। इसीलिए मैंने तुमसे कहा कि तुम इसकी फ़िक्र मत करो। इसी के मुताबिक मैंने मिस्टर वकील को भी लिखा। लिखने के दो रोज बाद उनका एक ख़त मिला। इस ख़त में उन्होंने बहुत- सी बातों का जिक्र किया, जिन्होंने मेरा ख़याल बदल दिया। उनमें पहली बात यह भी कि तुम्हारे साथ की बहुत-सी लड़कियाँ मैट्रिक की तैयारी कर रही हैं, और उनके साथ पढ़ने और एक ही मकसद रखने में तुम्हारे लिए ज़्यादा ख़ुशगवार होगा। अकेले और अपने ही लिए काम करना किसी क़दर बोरियत पैदा करता है। मैट्रिक की तैयारी आगे चलकर तुम्हारे सीनियर कैंब्रिज के रास्ते में रुकावट डालने के बजाय मददगार ही होगी। और फिर इम्तिहान भी तो अनोखी चीज़ होते हैं। अगर किसी को उनकी आदत न हो तो वह वक़्त पर परेशान और बदहवास हो जाता है और जो कुछ जानता है वह भी नहीं लिख पाता। सवाल सिर्फ़ उसके आदी हो जाने का है क्योंकि कोई वजह नहीं कि उसके लिए परेशान हुआ जाए। मिस्टर वकील ने सुझाव दिया, और मेरी समझ में ठीक ही दिया कि मैट्रिक जैसा आसान इम्तिहान, इम्तिहान की

---

[1] इंदिरा गांधी के कागज़ात, ने. स्मा. सं. पु.।

आदत डालने में तुम्हारी मदद करेगा और आगे चलकर जब तुम सीनियर में बैठोगी तो तुम्हें कहीं ज़्यादा सुभीता महसूस होगा। इन्हीं वजहों से मैंने अपनी राय बदल दी। मुझे उम्मीद है कि तुम मुझसे इत्तिफाक करोगी। मिस्टर वकील के ख़त से मुझे पता चला कि तुम मैट्रिक में बैठने को बिलकुल राजी भी हो। इसलिए आगे बढ़ो। बहरहाल तुम्हारा मैट्रिक है कब?

मैं समझता हूँ तुम कुछ भीड़-भाड़ में हो और अपनी पढ़ाई के लिए थोड़ा अकेलापन पसंद करोगी। मैं इसे समझता हूँ। भीड़ में काम करना आसान नहीं है और इसके अलावा, कभी-कभी अकेले बैठने का जी होता है। मुझे उम्मीद है कि तुम्हारे लिए कुछ इंतज़ाम कर दिया जाएगा। मुझे पता चला है कि जुलाई में तुम्हारा स्कूल बड़ी इमारत में चला जाएगा। लेकिन उसके पहले भी कुछ इंतज़ाम किया जा सकता है। अब जब कमलनयन ने भी छात्रावासी के तौर पर तुम्हारे स्कूल में दाखिला ले लिया है तो तुमको जगह की और तंगी हो गई होगी। वह कहाँ रहता है? मेरा ख़याल है कि ज़रूरत हो तो तंबू लगा लेना आसान होगा। जो भी हो, चूँकि मम्मी कलकत्ते में हैं और मैं देहरादून में हूँ, तुम्हें जिस चीज़ की ज़रूरत हो तुम फूफी से कह सकती हो और वह उसका बंदोबस्त करने की कोशिश करेंगी।

जैसा तुम जानती हो तुम्हारा स्कूल एक प्राइवेट स्कूल है। इसे क़रीब - क़रीब घर और स्कूल के बीच की चीज़ कहा जा सकता है। इस वास्ते इसके कुछ फ़ायदे हैं जो एक मामूली स्कूल में नहीं मिलते। और साथ ही कुछ नुक़सान भी हैं। फ़ायदा यह है कि तुम्हें ज़्यादा ध्यान और देख-रेख और प्यार और एक तरह की घरेलू ज़िंदगी मिलती है। यह बहुत बड़ी बात है और यह जानकर मुझे ख़ुशी हुई है कि तुम दोस्तों के साथ हो और तुम्हारी देख-रेख अच्छी तरह से हो रही है। अगर तुम किसी मामूली स्कूल में होतीं तो मुझे तुम्हारी बारे में फ़िक्र रहती। प्राइवेट स्कूल का नुक़सान यह है कि उसमें संगी-साथी बहुत कम होते हैं। एक बड़ा स्कूल अपने आप में एक दुनिया की तरह होता है और एक तरह से बड़ी दुनिया के लिए बच्चों को तैयार कर देता है, या कम-से-कम यूनिवर्सिटी के लिए तो कर ही देता है। इस वक़्त कभी-कभी तुम्हें ऐसा लग सकता है मानो तुम दरबे में बंद हो और तुम ज़्यादा संगी-साथी पाना चाहती हो। लेकिन जल्दी ही तुम एक यूनिवर्सिटी के ज़्यादा बड़े दायरे में दाखिल होओगी या जहाँ भी अपनी पढ़ाई जारी रखने के लिए जाओगी वहाँ तुम्हें संगी-साथियों की भीड़ मिलेगी। तुम्हारे मौजूदा स्कूल काम के लिए मुश्किल से एक साल तुम्हारे पास है। सीनियर के बाद तुम्हें क़ुदरती तौर पर एक ज़्यादा बड़े दायरे में काम करना होगा। एक बरस कोई बहुत लंबा अर्सा नहीं होता। इसका उपयोग इस तरह करो कि मानसिक और शारीरिक तौर से तुम उस बड़ी दुनिया के लिए अपने को तैयार कर सको जिसमें तुम्हें अगले साल क़दम रखना है।

मैं समझता हूँ कि तुम अब भी मैडम से फ्रेंच सीख रही हो। तुम उनके पास कैसे जाती हो— पैदल या किसी सवारी से? यह इस पर मुनहसिर है कि वह कितनी दूर रहती हैं। अगर वह कुछ दूर पर हैं तो बाइसिकल से जाने में तुम्हें सुभीता होगा। अगर ऐसा है तो हम आसानी से तुम्हारे लिए पूना या बंबई में साइकिल का बंदोबस्त कर सकते हैं। तुम्हें साइकिल पर चढ़ने की आदत नहीं है, लेकिन जल्दी ही इसकी आदत डाली जा सकती है। इसे जानना तो चाहिए ही।

मुझे ख़ुशी है कि बच्चों की देखभाल के लिए अब तुम लोगों को कोई मेट्रन मिल गई है, इससे तुम्हारी चाची को दूसरे काम करने के लिए ज़्यादा वक़्त मिल जाएगा।

मुझे यह जानकर दिलचस्पी हुई कि तुम अपने स्कूल की सोसाइटी की 'न्यायाधीश'[1] बन गई हो। अगर इसका मतलब यह है कि तुम्हें काम कम करना पड़ेगा तो तुम्हारे स्कूल के बच्चे ज़रूर बहुत शरीफ होंगे।

मुझे उम्मीद है कि तुम्हें विट्ठलवाड़ी के अपने पिकनिक में मज़ा आया होगा।

प्यार,

**तुम्हारा प्यारा**

**पापू**

[1] मूल में यह शब्द हिंदी में है।

# 3. इंदिरा नेहरू को[1]

**देहरादून जेल**
**21 फ़रवरी, 1933**

**प्यारी इंदु,**

कल मैंने तुम्हारे पास दो क़िताबें भेजी हैं। एक तो बच्चों की क़िताब है। इसका नाम है 'टुटलिओ' - मुझे उम्मीद है कि बच्चों के मतलब की क़िताब पाना तुम अपनी बढ़ी हुई शान के ख़िलाफ़ नहीं समझोगी। मैंने यह इसलिए भेजी क्योंकि मैंने कहीं पढ़ा था कि वह बहुत अच्छी है और 'एलिस इन वंडरलैंड' के मुकाबले की है। एलिस को एक ज़माने से पसंद करता रहा हूँ और इसलिए मैं एक ऐसी क़िताब मँगाने के लालच से नहीं बच सका जो इतनी अच्छी समझी जाए कि अमर एलिस से उसका मुकाबला हो। खैर, 'टुटलिओ' बिलकुल मुख्तलिफ़ है, लेकिन मुझे इसमें मज़ा आया और बहुत-सी तस्वीरों पर हँसी आए बिना नहीं रह सकी। मुझे उम्मीद है कि इस क़िताब ने तुम्हारा और दूसरे बच्चों का दिल बहलाया होगा।

दूसरी क़िताब है बर्नार्ड शॉ का नाटक 'सेंट जॉन'। क्या तुम्हें याद है कि पेरिस में हमने फ्रांसीसी भाषा में इस नाटक को देखा था, जिसमें एक ठिगनी-सी रूसी महिला दिलकश जीन बनी थी? बाद में हमने यह नाटक अंग्रेज़ी में भी देखा था, लेकिन मुझे याद नहीं कि तब तुम हमारे साथ थीं या नहीं। यह एक बहुत अच्छा नाटक है - इसके कुछ हिस्से तुम्हें ज़रा फीके लग सकते हैं। लेकिन कहानी शानदार है और बार- बार पढ़ने लायक़ है। चूँकि जीन तुम्हारी पुरानी चहेती और नायिका है, तुम इसे पसंद करोगी। क़िताब में एक नाटक और है, जो शायद तुम्हें पसंद न आए। दोनों लंबी भूमिकाएँ भी शायद तुम्हें फीकी मालूम हों।

तुम अपने काम में मशगूल होओगी और इम्तिहान की तैयारी में लगी होओगी। फिर भी मैं समझता हूँ कि कभी-कभी और क़िताब पढ़ने के लिए कुछ वक़्त निकाल लेती होओगी। यही वजह है कि मैंने तुम्हारे पास 'सेंट जॉन' भेजी है।

मम्मी ने मुझे लिखा है कि बिरजू भाई के साथ कोई साहब उनसे मिलने के लिए आस्ट्रिया से आए थे और वह तुम्हें पढ़ाई के लिए फ़ौरन वियना ले जाने को तैयार थे।

---

[1] इंदिरा गांधी के कागज़ात, ने. स्मा. सं. पु.।

वियना एक बहुत ख़ूबसूरत जगह है, वह संगीत का नगर है। वियनावाले बड़े मज़ेदार लोग होते हैं, लेकिन इस वक़्त उनका मुल्क एक भयानक मुसीबत में फँसा है। फूफी ने मुझे बताया कि एक जर्मन महिला, जो हाल में आनंद भवन आकर ठहरी थीं, तुम्हारी तालीम के लिए जर्मनी में इंतज़ाम कर देने के लिए उत्सुक थीं। तुम्हारे पिता और माता के अलावा ढेर सारे लोग तुम्हारी भावी शिक्षा में दिलचस्पी लेते दीखते हैं। शायद किसी दिन, जो बहुत ज़्यादा दूर नहीं है, तुम हमको यहाँ किसी क़दर अकेला छोड़कर दूर देश जाकर अपनी पढ़ाई करोगी। जेल में लंबी मुद्दतें बिताकर हमने अपने को इसकी ट्रेनिंग दे ली है। जो भी हो, हम इसे बेशक बरदाश्त कर लेंगे क्योंकि तुमसे बार- बार मिलने और तुमको अपने पास रखने की खुदगर्ज ख़ुशी से कहीं ज़्यादा महत्त्वपूर्ण यह है कि तुम अच्छी ट्रेनिंग हासिल करो और तुम्हें हर मौक़ा मिले ताकि तुम्हारे आगे जो काम हो उसके लिए तुम अपने को तैयार कर सको।

लेकिन अभी तो यह सब भविष्य की बात है और इसके बारे में ऐन इसी वक़्त हमें परेशान होने की ज़रूरत नहीं है। फ़िलहाल तो तुम्हें अपना मौजूदा काम करते रहना है और इसे अच्छी तरह से करना है ताकि तुम किन्हीं इम्तिहानों में या इस तरह की किसी भी चीज़ पर जो तुम्हारे सामने आए, आसानी से सफलता हासिल कर सको। और फ़िलहाल मुझे देहरादून जेल में बने रहना है।

मगर मैं यह पसंद करूंगा कि अपने भविष्य के बारे में अपने निजी विचार तुम मुझे लिखो। तुम्हें याद होगा कि अपने हाल के एक ख़त में इस बारे में मैंने तुमसे पूछा था। आगे जिंदगी में तुम अपने लिए क्या काम पसंद करोगी? किन विषयों में और किस काम में तुम्हारी दिलचस्पी है? बेशक जैसे-जैसे हम बड़े होते जाते हैं, हम इसके बारे में अपनी राय बहुत-कुछ बदलते जाते हैं। छोटे लड़के के जीवन का आदर्श इंजन का ड्राइवर होता है। लेकिन फिर भी अगर तुम कभी-कभी मुझे लिखती रहो कि तुम्हारे नन्हे- से दिमाग़ में कैसे विचार आ रहे हैं तो मुझे ख़ुशी होगी।

मुझे मालूम हुआ है कि बंबई में तुम्हें दुबारा टीका लगा। टीका मुझे नापसंद है, लेकिन मेरा ख़याल है कि इसे लगाना ही पड़ता है।

दोलम्मा या दादी - अब तुम उन्हें क्या कहती हो? - ग़ालिबन अगले महीने पूना जाएँगी। बापू चाहते हैं कि वह कुछ अर्से के लिए वहाँ उनके पास ठहरें।

कल जब मैं यह ख़त लिख रहा था तो मसूरी के चारों तरफ पहाड़ियों पर बर्फ़ गिर रही थी और शाम को मैं जब घूमने निकला तो पहाड़ियों की चोटियाँ बर्फ़ से जगमग थीं।

प्यार,

**तुम्हारा प्यारा**

**पापू**

# 4. इंदिरा नेहरू को[1]

**देहरादून जेल**
**2-5-33**

**प्यारी इंदु,**

उस दिन जब मैंने तुम्हें देखा तो तुम सेहत की मूरत - जैसी नहीं लग रही थीं! मेरा ख़याल है कि तुम्हें दर्द और बुखार से छुटकारा मिल गया होगा। बेशक, तुम्हें सर्दी लग गई होगी। यहाँ का मौसम इस तरह बदलता रहता है कि आदमी को होशियार रहना चाहिए। अगर तुम्हारी गरदन में दर्द अब भी है तो मम्मी को मैंने जो रोगन बादाम दिया था, उसकी मालिश कर लेना।

मुझे ख़ुशी है कि तुम अपने साथ पढ़नेवाली पुरानी फ्रांसीसी सहेली से ख़तोक़िताबत कर रही हो। उसे तुम फ्रांसीसी में ही क्यों नहीं लिखतीं और उससे कहो कि वह भी ऐसा ही किया करे। क्या वह अब तक बेक्स में है? और बेक्स का क्या हाल है?

यहाँ बहुत ज़्यादा मत पढ़ो - टहलो और दौड़ो और आमतौर से बेफ़िक्री की ज़िंदगी बिताओ। बेशक बेफ़िक्री की ज्यादती से बोरियत होने का डर है और दिमाग़ को तेल-पानी से अच्छी तरह दुरुस्त रखना चाहिए और उससे काम लेते रहना चाहिए। लेकिन छुट्टियाँ सख्त दिमाग़ी काम करने के लिए नहीं होतीं। मैंने अक्सर यह भी महसूस किया है कि तुम किसी क़दर तेज़ रफ़्तार से पढ़ती हो। ऐसा करने पर यह अंदेशा रहता है कि क़िताब का काफ़ी हिस्सा छूट जाए। बेशक कुछ हल्की क़िताबें तेज़ी से पढ़ने की होती क्योंकि उनमें कुछ रहता ही नहीं। लेकिन एक उपयोगी क़िताब कुछ ज़्यादा वक़्त और तवज्जह की हक़दार है। उस मेहनत का ख़याल करो जो लेखक ने इसके लिए की होगी और उस सारे सोच-विचार का भी, जो उसने अपनी लिखाई के पीछे लगाया होगा। मगर जब हम बहुत तेज़ी से पन्ने पलट डालते हैं तो उसका असली मतलब खो बैठते हैं और हमने जो पढ़ा उसे काफ़ी जल्दी भूल भी जाते हैं।

एक बहुत अच्छी, डालने लायक़ आदत यह है कि एक नोटबुक पास में रखी जाए और जो क़िताब हम पढ़ें उसमें जो भी चीज़ हमें पसंद आए या ख़ासतौर से असर करे उसे नोट कर लिया जाए। हमारे ये नोट बहुत- कुछ याद रखने में हमें मदद देते हैं और हमेशा

---

[1] इंदिरा गांधी के कागज़ात, ने. स्मा. सं. पु.।

ही दिलचस्पी के साथ उन्हें फिर से पढ़ा जा सकता है। जेल में मैंने यह आदत ख़ासतौर से डाली है और अब मेरी सत्रहवीं नोट बुक चल रही है।

जो भी हो, मुझे उम्मीद है कि मैंने तुम्हारे लिए ख़तों की जो सीरीज लिखी है, उसे तुम ज़रा धीरे से पढ़ोगी और एक बार में थोड़ा पढ़ोगी। इसमें जल्दबाज़ी मत करना, वर्ना वे तुम्हें बहुत ज़्यादा उबा देंगे। वे बहुत हल्के से पढ़ने की चीजें नहीं हैं।

मैं समझता हूँ कि तुम्हारे पास पढ़ने के लिए काफ़ी क़िताबें हैं। अगर न हों तो मुझे बता भर देना और मैं या तो सुझाव दूँगा या कुछ क़िताबें भेज दूँगा।

पिछली मुलाक़ात में मैं ही ज़्यादा बोलता रहा था। यह ज्यादती थी न? वह ऐसा ही था, जैसे नल को खुला छोड़ दिया गया हो। अगली बार तुम्हें बोलना होगा और सुनना मेरा काम रहेगा और अगर मैं ज़्यादा बोलने की कोशिश करूँ तो मुझे रोक देना। दो हफ़्ते मैं बोतलबंद जैसी हालत में रहता हूँ और फिर जब मौक़ा मिलता है तो ज़ोरों से खुल जाने का मेरा रुझान होता है।

आजकल देहरादून में चिड़ियों की बहुतायत है। कितना अच्छा होता अगर मैं उन सबके नाम जानता होता। मेरा ख़याल है कि उनमें से बहुत- सी तुम्हारे बगीचे में भी हैं। बेशक कोयल तो है ही। और वह 'ब्रेन - फीवर' चिड़िया, मैं समझता हूँ कि उसका यही नाम है। मुझे ठीक-ठीक नहीं मालूम कि उसे यह अजीब नाम क्यों दिया गया है सिवा इसके कि इसकी लगातार चीख़ से लोगों को दिमागी बुखार आ जाता हो! सचमुच कभी-कभी वह बड़ी मुसीबत में डाल देती है। उसके चार सुर बड़े दिलकश हैं, लेकिन उन्हें लगातार दुहराना – रात दिन, बारिश हो या धूप - किसी अच्छी बात की भी हद होती है। घंटों यह सिलसिला चलता रहता है। मैं उसका हिंदुस्तानी नाम नहीं जानता, लेकिन कई तरह से उसका हवाला दिया जाता है। यहाँ के लोग कहते हैं कि उसके चार सुरों का मतलब है : 'मैं सोता था[1]' - ऊपर पहाड़ियों पर लोग कहते हैं कि चिड़िया गाती है 'काखल पाको'[2]- काखल खेत में पकनेवाली कोई चीज़ है। इसके पकने का यही वक़्त है और इसलिए चिड़िया इसका एलान करती है। चार सुरों से तुम चाहे जो मतलब लगा सकती हो- 'उठो जागो वगैरह'[3] बहुत शोर मचाती है - इसकी आवाज बहुत दूर तक जाती है।

बापू ने हम पर एक और कहर ढाया है और मुझे पता नहीं कि क्या होने जा रहा है।[4]

---

[1] 1-3. मूल में ये शब्द हिंदी में है।

[4] महात्मा गांधी ने एलान किया था कि वे 21 दिन का उपवास करेंगे।

फूफी और बच्चों की कोई ख़बर मुझे नहीं मिली। उनको आज मसूरी में होना चाहिए।

विदा और प्यार,

**तुम्हारा प्यारा**

**पापू**

# 5. इंदिरा नेहरू को[1]

**देहरादून जेल**
**16.5.33**

**प्यारी इंदु,**

अभी-अभी मैं सोच रहा था कि तुम्हें मसूरी का एक छोटा-सा चक्कर लगा लेना चाहिए और इसके बारे में तुम्हें लिखना तय कर लिया था कि ख़बर मिली, तुम वहाँ जा रही हो। मुझे खुशी है कि तुम जा रही हो या शायद जा चुकी हो। देहरादून बेहतरीन वक़्त पर भी किसी क़दर ख़ामोश और फीकी जगह है और मैं समझता हूँ कि यहाँ तुम्हारे ज़्यादा जान-पहचानवाले लोग भी नहीं हैं। लेकिन कभी-कभी थोड़ी तब्दीली तुम्हारे लिए अच्छी रहेगी और तुम्हारा हौसला बढ़ाएगी।

इसे ऐसा ही होना चाहिए। हम सभी कभी - कभी तैश में आ जाते और परेशान हो जाते हैं, लेकिन क्या तुम ऐसा नहीं समझती कि यह किसी क़दर बेवकूफ़ी की बात है? और यह हमें दूसरों की नज़र में किसी क़दर मखौल का सामान बना देता है। तैश में आया और थका हुआ कोई आदमी बहुत अच्छा नहीं लगता। बेशक थोड़ा तैश में आने के सिवा कभी-कभी कोई चारा नहीं रहता, लेकिन यह हमेशा ही अपनी तालीम या ट्रेनिंग में खामी की निशानी है। आख़िरकार तालीम का कुल नतीजा और मकसद क्या है- कम-से-कम एक नजरिए से? वह यह है चाहे जो भी हो, आदमी न तो तैश में आए, न परेशान हो, और जिन लोगों से वास्ता पड़े, उनसे तालमेल बैठा ले और उनके साथ सहयोग करे। मैं मंजूर करता हूँ कि हिंदुस्तान में ऐसे लोग हमेशा मिलते हैं जो बात-बात पर बिगड़ जाते हैं और आम तौर पर अपने- आपको तकलीफ़देह बना लेते हैं। शायद वे समझते हैं कि उनकी शान बढ़ रही है, यह नहीं जानते कि वे कैसे बेवकूफ़ दीखते हैं। वे नौकरों पर चीख़ते और उन्हें कोसते हैं, यह एक ऐसी बात है, जो पच्छिम में तुम्हें शायद ही कहीं मिलें। इंग्लैंड में, शरीफ लोगों के बीच, नौकर पर चीख़ना बदतमीजी की हद माना जाता है, क्योंकि बेचारा नौकर जवाब देने की हालत में नहीं होता। यह तो उस आदमी को ठोकर मारने जैसा है, जो गिर पड़ा हो। और फिर भी हिंदुस्तान में ज़्यादातर लोगों को इस जलील काम में मज़ा आता है। अगर लोग यह महसूस करने लग जाएँ कि ऐसी हरकतों

---

[1] इंदिरा गांधी के कागजात, ने. स्मा. सं. पु.।

से वे दूसरों के बजाय अपने को ही ज़्यादा नुक़सान पहुँचाते हैं तो ग़ालिबन वे बेहतर ढंग से पेश आएँगे।

तुम्हारे ख़त में यह पढ़ने के पहले तक मुझे मालूम नहीं था कि शमा फ़िल्म कंपनी में दाख़िल हो गई है। मैं तुमसे सहमत हूँ। कहीं ज़्यादा बेहतर यह होता कि अगर उसे इस काम में लगना ही था तो किसी अच्छी कंपनी में जाती। इसका बंदोबस्त करना आसान था। लेकिन यह चाहे जितनी अजीब बात लगे, लेकिन मैं भी यहीं से उसकी मदद कर सकता था। मैं नहीं समझता कि लाडली चाचा इससे बहुत ख़ुश होंगे।

तुमने बीबी को मेरी सेहत के बारे में डरा दिया दीखता है और उसने मुझे परेशानी और फ़िक्र से भरा ख़त भेजा है। प्यारी बेटी, तुमने यह कैसे समझा कि मैं घुलता जा रहा हूँ? शायद उस लंबी बातचीत से जिसमें मैं मशगूल हो गया था। मेरी तंदुरुस्ती ख़ासी अच्छी है और बगल में पुराने दर्द के लिए ज़रा-सा आयोडीन लगा लेने का इससे कोई वास्ता नहीं है। अपने ख़त में तुमने लिखा है कि तुमको तेज़ सिरदर्द हो गया था। क्या तुम्हें मालूम है कि तेज़ सिरदर्द या हल्के से दर्द को भी अपने 43 बरसों के बावजूद मैं जानता तक नहीं?

तुम्हारे साथ मेरी दो मुलाक़ातें हो चुकी हैं। दोनों में ज़्यादातर मैं ही बोलता रहा हूँ। जेल की मुलाक़ात मिलने-जुलने का सही तरीक़ा नहीं है। उसमें थोड़ी बंदिश महसूस होती है और वक़्त की मीयाद भी एक बोझ बनी रहती है। फिर भी मैं चाहूँगा कि अगली बार तुम मुझे अपने और अपने स्कूल के बारे में कुछ बताना और यह भी बताना कि तुम क्या करना चाहोगी। अगर तुम यह नहीं बताओगी कि तुम क्या महसूस करती हो तो मैं तुम्हारी मदद कैसे कर सकूँगा? किसी काम को, चाहे वह कुछ भी हो, ख़ूबी से करने का राज यह है कि उसे करने में दूसरों के साथ सहयोग किया जाए। क्या तुम जानती हो कि स्कूलों में और घरों में यह माना जाता है कि दो तरह के बच्चे ऐसे होते हैं जो ठीक तरक़्क़ी नहीं कर पाते और काफ़ी मुसीबत खड़ी कर देते हैं? ऐसे बच्चों को 'उलझन - भरे बच्चे' कहा जाता है। एक तो बिगड़ा हुआ बच्चा होता है, जिसे घर पर हर मनचाही चीज़, बिना कोई काम किए और तकलीफ़ उठाए पा जाने की आदत पड़ जाती है। दूसरे वे बच्चे हैं, जिनकी अपने घरों में कद्र नहीं होती, ख़ास तौर से उन बड़े कुनबों में जहाँ बहुत-से बच्चे होते हैं और इसलिए जिनकी देखभाल ढंग से नहीं हो पाती। एक तरफ बिगड़ा बच्चा और दूसरी तरफ उपेक्षित बच्चा, दोनों को ही दूसरों के साथ सहयोग करने का, दूसरों के साथ एक जैसी चीज़ के लिए मिलकर काम करने का मौक़ा कम मिलता है। इस वास्ते उनमें सहयोग की आदत नहीं बन पाती और उनके लिए बाद की सारी मुसीबतें इसी वजह से पैदा होती बताई जाती हैं। यही वजह है कि वे उलझन भरे बच्चे बन जाते हैं। वे अपने अध्यापकों के सामने ख़ास मसले खड़े कर देते हैं कि उनके साथ कैसे पेश

आया जाए। बिगड़ा बच्चा जब बाहर की दुनिया में जाता है तो उम्मीद करता है कि हर कोई हर वक़्त उसकी पीठ उसी तरह ठोकता रहेगा, जैसे घर पर उसकी पीठ टोकी जाती थी। बेशक ऐसा कोई नहीं करता और बिगड़ा बच्चा बहुत नाराज हो जाता है और हर किसी को दोष देता है जबकि दोष दूसरे लोगों का न होकर उसी का होता है। जिस बच्चे की घर पर बेकद्री हुई है, वह लोगों से मिलने-जुलने का आदी नहीं होता। इसलिए जब वह बाहर जाता है तो दूसरों से अलग रहता है और असंतोष महसूस करता है, गुस्सा दिखाता है और हर किसी को दोष देता है।

सिर्फ़ बच्चों के साथ ही ऐसा नहीं होता, सयानों के साथ भी होता है। हममें से ज़्यादातर या तो बिगड़े हुए हैं या उपेक्षित हैं। और इसलिए हमारी बाढ़ दरअसल बेडौल हुई है और अपने दोषों के लिए हम हमेशा दूसरे पर इल्जाम लगाते हैं। बेशक सही बात यह है कि इन दोनों में से कुछ भी न होना चाहिए - दोनों के बीच का कुछ होना चाहिए - दिमाग़ी तौर पर तंदुरुस्त, दूसरों से मिलने-जुलनेवाला और हमेशा उनके साथ सहयोग करने की कोशिश करनेवाला और बिना इस बात की उम्मीद किए कि दूसरे उसका काम कर देंगे, अपने हिस्से का काम खुद पूरा करनेवाला।

क़ुदरती तौर पर बच्चे इन सारी बारीकियों को न तो समझते हैं और न समझ सकते हैं। ये उसी तरह पेश आते हैं जिस तरह पेश आना उन्हें सिखाया गया है या जिस तरह वे दूसरों को पेश आते देखते हैं। मैं यह सब इसलिए लिख रहा हूँ कि तुम एक समझदार लड़की हो और मैं तुमसे अपनी बेटी के नाते कम, एक दोस्त के नाते ज़्यादा बात कर सकता हूँ। मैं जानता हूँ कि तुम इसे समझोगी। तुम्हारा पिता खुद ही थोड़ा-बहुत बिगड़ा हुआ लड़का था। बहुत बरसों तक घर में अकेला वही बच्चा था, क्योंकि उसकी बहनें बहुत अर्से के बाद आई और इकलौते बच्चों को उनके माँ-बाप भी अपने बहुत ज़्यादा लाड़-प्यार से बिगाड़ देते हैं। मैं समझता हूँ कि अब भी उसमें कुछ ऐसे निशानात, और बहुत साफ़ निशानात मौजूद हैं, जिनसे पता चलता है कि उसे न सिर्फ़ उसके माँ - बाप ने बल्कि और भी बहुत से लोगों ने बिगाड़ा तुम भी एकलौती औलाद हो और बहुत ही प्यारी हो, और शायद अनजान में तुम्हारे माँ-बाप और दादी-दादा ने तुम्हें भी थोड़ा-बहुत बिगाड़ दिया है और तुम्हें दुनिया में बहुत कुछ उम्मीद करनेवाला बना दिया है, जो तुम्हें शायद न मिले। मैं फ़ैसला नहीं कर सकता, न तुम कर सकती हो, क्योंकि हम दोनों तरफदार हैं और एक-दूसरे के इतने क़रीब हैं कि अच्छी तरह से देख नहीं सकते। लेकिन मेरा ख़याल है कि हमने चाहे जितनी ग़लती की हो, हम तुम्हारे लिए अज़हद मुहब्बत से बहक़ गए हों, हाल के वाकायात ने या कि तुम्हारे बचपन से अब तक जो आम वारदातें होती रही हैं, उन्होंने तुम्हें उस बिगड़े क़िस्म से अलग कर दिया है जो हमेशा अपने ही बारे में सोचता है और दूसरों का बहुत कम ख़याल रखता है

मुझे पता नहीं कि मैं इस तरह क्यों लिखता जा रहा हूँ। यह बातचीत जैसा ही है - मानो तुम मेरे पास बैठी हो। मैंने जिस बात से शुरू किया था वह यह थी - मैं यह चाहूँगा कि हमारी अगली मुलाक़ात में तुम अपने बारे में, अपने स्कूल के बारे में और आम तौर पर भविष्य के बारे में अपने विचार मुझे बताना। जैसा तुम जानती हो, मौजूदा स्कूल में तुम्हारी पढ़ाई जल्दी ही ख़त्म हो जाएगी। ज़्यादा अहम बात है अगला क़दम, और उसके बारे में हमें बातचीत करनी चाहिए और मिलकर सोच-विचार और सहयोग करना चाहिए ताकि यह क़दम सचमुच सही क़दम हो। इसलिए प्यारी बेटी, 23 मई की सुबह 9 बजे का यही प्रोग्राम रहेगा। लेकिन यह तभी मुमकिन होगा जब तुम इसके लिए रजामंद होओगी और सहयोग करोगी।

मुझे उम्मीद है कि रस्ट तुम्हारी कुछ अच्छी तस्वीरें खींचेगा - फ्रॉक पहने हुए और साड़ी पहने हुए भी।

मैं 'न्यू स्टेट्समैन' भेज रहा हूँ। इसमें एक शेर बच्चे के बारे में मज़ेदार कहानी है। यह पृष्ठ 503 पर है और इसका नाम है 'द लॉयन दैट लॉस्ट इट्स वे।'

प्यार,

**तुम्हारा प्यारा**

**पापू**

# 6. इंदिरा नेहरू को[1]

**देहरादून जेल**
**1 अगस्त, 1933**

**प्यारी इंदु,**

तुम्हारा ख़त मुझे उसके काफ़ी दिनों के बाद मिला, जब तुमने उसे लिखा था। और अब मैं भी उसके एक हफ़्ते बाद लिख रहा हूँ जब मुझे लिखना चाहिए था। तीन हफ़्ते हुए मैंने तुम्हें पिछला ख़त लिखा था। मम्मी के पूना जाने का नतीजा यह हुआ कि मेरे मुलाक़ात के दिन और ख़त लिखने के दिन बदल गए और एक हफ़्ता आगे बढ़ा दिए गए।

अब तुम्हारी सेहत की बात करूँ। मुझे ख़ुशी है कि तुम क्लीनिक जा रही हो और अपने हाजमे की और दूसरी शिकायतों के लिए क़ुदरती इलाज कर रही हो, इस तरह का इलाज दवाओं की बड़ी-बड़ी खुराकें खाने के आम तरीक़ों के मुकाबले ज़रा ज़्यादा वक़्त तो लेता है, लेकिन आख़िर यह कहीं ज़्यादा बेहतर साबित होता है। हममें से ज़्यादातर लोग अपने ज़िस्म के साथ बहुत बेतुके ढंग से पेश आते हैं, सेहत के मामूली क़ायदों को हम नज़रअंदाज़ करते हैं और ख़ास तौर से अपना हाज़मा चौपट कर लेते हैं और दीगर तरीक़ों से अपने जिस्मानी सिलसिले को झकझोर देते हैं। जैसा तुम जानती हो, यह ज़िस्म एक ख़ूबसूरत और नाजुक मशीन है, फिर भी यह अनोखी बात है कि वह कितनी बदइस्तेमाली बरदाश्त कर लेता है। चूँकि ज़िस्म हमारा एक बहुत बड़ा हिस्सा है, इसलिए हमें चाहिए कि हम इसे समझने की कोशिश करें, इससे दोस्ताना बर्ताव करें और इसके साथ लिहाज से पेश आएँ। अगर तुमको कोई दर्द या शिकायत है तो उतावली या परेशान मत हो जाओ। मामले की तह तक पहुँचो और उन्हें जड़ से निकाल बाहर करो और तब तुम शानदार सेहत को जानोगी और जीने का लुत्फ़ उठाओगी। क़ुदरती इलाज का मतलब है शरीर के साथ सहयोग करना और इसलिए बहुत-सी दवाएँ खाने के मुकाबले मैं उसे ज़्यादा पसंद करता हूँ। बेशक कभी-कभी इसका ख़ब्त बना लेना भी मुमकिन होता है।

---

[1] इंदिरा गांधी के कागज़ात, ने. स्मा. सं. पु.।

हमारी बहुत-सी ज़िस्मानी शिकायतें 'छोटे-से पेट की गड़बड़ी से, बदहज़मी वग़ैरह से पैदा होती हैं। अगर बचपन में यह आदत पड़ गई तो फिर कभी - कभी ज़िंदगी भर कायम रहती है। लोग जुलाब लेने लगते हैं और उनके गुलाम बन जाते हैं। यह बुरा है। अच्छे हाजमे के साथ ज़िस्म की किसी भी शिकायत का मुकाबला किया जा सकता है। तुम कहती हो कि कई रोज तक डॉक्टर मेहता ने तुम्हें सिर्फ़ मौसमी के रस पर रखा। यह नीम- भुखमरी तुम्हें कुछ मुश्किल लगी होगी। लेकिन पेट को थोड़ा आराम देना अच्छा होता है।

तुम जानती हो कि बहुत-सी बातों के बारे में मुझे थोड़ा घमंड है! उनमें एक है मेरी सेहत। बरसों, बहुत बरसों तक, जब तक, जब मैं इंग्लैंड में इंग्लैंड में स्कूल और कॉलेज में था, मुझे कभी डॉक्टर के पास जाने का इत्तिफाक नहीं हुआ। क़रीब बारह या ज़्यादा बरसों तक मैंने कभी किसी तरह का जुलाब नहीं लिया, क्योंकि मुझे इसकी ज़रूरत ही नहीं पड़ी। मेरी आम सेहत अच्छी थी, क्योंकि मेरा पेट ठीक रहता था।

मुझे मिस्टर वकील का एक तार और एक कार्ड मिला था। मैंने दोनों का जवाब दे दिया है। आज मैं उनको नहीं लिख रहा हूँ, क्योंकि मुझे बहुत ज़्यादा ख़त नहीं लिखने चाहिए, लेकिन तुम उन्हें मेरा पैगाम पहुँचा सकती हो। पूना छावनी में प्लेग फैल जाने का ख़याल मुझे नापसंद है, लेकिन मेरा खयाल है कि इस तरह की बातों के साथ निभाव करना ही पड़ता है। जो भी हो, जहाँ तुम रहती हो वह एक उम्दा खुली जगह है और मुझे कोई शक नहीं कि सारी एहतियातें बरती जा रही होंगी। जहाँ तक प्लेग के टीके की बात है, मैं इसे सिर्फ़ एक ज़रूरी बुराई के तौर पर मंजूर करता हूँ। रोगों के मरे हुए कीड़ों को अपने अंदर जमा करना कोई ख़ुशगवार ख़याल नहीं है। लेकिन अगर कोई क़ाबिल डॉक्टर इसे ज़रूरी समझे तो मैं बीच में नहीं पड़ना चाहूँगा। जब मैं 12 या 13 साल का था तो मेरे भी टीका लगा था। मेरा ख़याल है कि अर्सा हुआ उसका असर ख़त्म हो चुका है।

मैंने मिस्टर वकील को लिख दिया है कि मैं यह उनके फसैले पर (जो डॉक्टर की सलाह से लिया जाए) छोड़ता हूँ कि तुम्हें टीका लगाया जाना चाहिए या नहीं। पसंद मैं यही करूँगा कि न लगे और क्योंकि छावनी में प्लेग के इक्का-दुक्का मामले अब ख़त्म हो गए हैं, इसलिए शायद यह मुमकिन भी हो।

कैसी अजीब बात है कि खाना घटाने से वज़न बढ़ने लगता है। कुछ महीने हुए मेरा वज़न कुछ घट गया। तब मुख़्तलिफ़ वजहों से, जिनका मेरी सेहत से कोई ताल्लुक़ नहीं था, मैंने अपना एक वक़्त का खाना छोड़ दिया। तब से मेरा वज़न बढ़ रहा है। मुमकिन है कि एक वक़्त के खाने में ही ज़्यादा खाना खा लिया जाता हो, या हो सकता है कि जो कुछ खाया जाता है, वह ज़्यादा अच्छी तरह हजम होता है।

तुम्हारा गला अब कैसा है? टॉन्सिल के बारे में डॉक्टर का क्या कहना है?

मुझे सचमुच अफ़सोस है कि चाँद पून नहीं गई। मसूरी से आते वक़्त जब वह मुझे यहाँ मिली थी तब तो पूना जाने के लिए बिलकुल रजामंद जान पड़ती थी। सारी बातें जाने बिना दूसरों को सलाह देना मुश्किल होता है। घरेलू ज़िंदगी एक पेचीदा मामला है, जिसमें बहुत-सी बातों पर गौर करना पड़ता है और शायद इसी वजह से फूफी और फूफा ने बच्चों को कुछ अर्से के लिए अपने पास रखना तय किया हो।

अपने कुत्तों के लिए मैं यहाँ कुछ बंदोबस्त कर दूँगा। मैं उन्हें अपने साथ नहीं ले जा सकता। मुसाफ़िरी में कम-से-कम सामान रखना चाहिए, ख़ास तौर से उनको जो लंबा सफ़र करना चाहते हों।

मुझे अभी एक क़िताब मिली है, जिसका नाम है 'द गर्ल थ्रू द एजेज'। शायद यह तुम्हें दिलचस्प लगे। कुछ दिन बाद मैं इसे तुम्हारे पास भेज दूँगा।

तुमने मुझे अभी तक नहीं बताया, हालाँकि मैंने तुमसे पूछा था, कि मेरी वह क़िताब – हिदर ईस्ट के बारे में जिसके लेखक हान्स कोहन हैं- वल्लभभाई पटेल को मिली या नहीं। मैं जानना चाहता हूँ।

आज पहली अगस्त है - बहुत-सी महत्त्वपूर्ण अंतर्राष्ट्रीय और राष्ट्रीय घटनाओं का सालाना जल्सा। अंग्रेज़ी कलैंडर के मुताबिक मम्मी की सालगिरह भी है। संवत् के मुताबिक तो उनकी सालगिरह पहले ही गुज़र चुकी है।

तुम्हारे ख़त के साथ एक कागज़ नत्थी था, जिसमें बच्चों के लिए कुछ तुकबंदियाँ थीं। वे बहुत अच्छी नहीं थीं और कुछ सतरों को तो समझना ही मुश्किल था। यहाँ मैं कुछ दिलचस्प और मशहूर तुकबंदियाँ लिख रहा हूँ। बताना कि तुम्हें कौन - सी पसंद आई।

एक युवक भोला-भाला था,
    लॉयड उसका नाम था।
गुस्सा उसे नहीं आता था,
    गुस्से का क्या काम था?
उसका गला घोट दो फिर भी,
    तैश न उसको आएगा।
इतनी थी धीरता कि कुछ भी,
    उसे नहीं छू पाएगा।
डीयल में था एक हक़ीम
बेशक था वह बड़ा फहीम
    एवा एक थी उसके पास

जिसको कहते हैं विश्वास
उसका कहना था - "गो, दर्द
असली चीज़ नहीं है मर्द!
अगर सुई पर बैठूं मैं
छिदे बदन औ ऐंठूं मैं
तब जो होवेगा एहसास
नापसंद होगा वह ख़ास। "

सुप्रसिद्ध वैज्ञानिक आइंस्टीन ने एक सिद्धांत की खोज की है, जिसका नाम सापेक्षवाद है। इसका ताल्लुक़ समय और शून्य से है और यह दोनों को मिलाकर दिक्-काल कहलाता है। इसके आधार पर एक तुकबंदी है :

नौजवान औरत थी एक
ब्राइट नाम, बहुत थी नेक
गति जिसकी लाइट से तेज़।
वह दी गई एक दिन भेज
लेकर गति सापेक्ष महान्,
लौटी पिछली रात अजान।

और ये हैं दो अनूठी तुकबंदियाँ - इनमें से दूसरी, पहली के जवाब में है

एक समय कोई मनुष्य था
उसने कहा कि - "गॉड[1]
कितनी ज्यादा उसे लगेगी
भला बात यह ऑड[2]
जब वह देखेगा कि खड़ा है
पेड़ यहाँ पर अब भी
जबकि कहीं कोई न यहाँ है
ख़ाली है यह क्वाड[3]।"

---

1 ईश्वर।

2 अजीब।

3 क्वाड, क्वाड्रैंगल (चौकोर अहाता ) का छोटा रूप है- ऑक्सफोर्ड कॉलेज के आहातों के लिए, इसी शब्द का प्रयोग होता है।

जवाब :

प्रियवर, अचरज़ आपका
        अपना ही है ऑड:
मेरे रहने से यहाँ
        भरा हुआ है क्वाड |
इसीलिए यह पेड़ भी
        दीखेगा सब काल,
इसे देखता आपका
        विश्वासी यह गॉड।

**तुम्हारा अपना**
**गॉड**

बहुत - बहुत प्यार,

**तुम्हारा प्यारा**
**पापू**

# 7. इंदिरा नेहरू को[1]

**इलाहाबाद**
**14.11.33**

**प्यारी इंदु,**

एक बहुत व्यस्त और थका देनेवाले दौरे के बाद हम दोनों कल रात बनारस से लौटे। आज सुबह तुम्हारा ख़त मिला, ठीक मेरी सालगिरह के दिन। जब कोई मेरे जितना बूढ़ा हो जाता है, तो पहले की तरह सालगिरहों का स्वागत नहीं होता। लेकिन सालगिरह के वक़्त तुम्हारे ख़त का हमेशा बहुत स्वागत है और तुम्हारी चंद सतरों ने मुझे ख़ुश कर दिया।

लेकिन उस बात के बारे में अचानक तुम्हें माफी माँगने की क्या सूझी, जिसे मैं जानता तक नहीं। 'माफ करें और भूल जाएँ' -- मैं किसे माफ करूँ और क्या भूल जाऊँ? दोस्तों के बीच माफ करने और भूल जाने का सवाल शायद ही कभी उठता है और मैं उम्मीद करता हूँ कि तुम और मैं दोस्त हैं, गो कि साथ-ही-साथ तुम बहुत प्यारी बेटी भी हो। लोगों के लिए कहीं ज़्यादा अहमियत की बात यह है कि वे एक-दूसरे को समझें।

बनारस से मैंने तुम्हारी क़िताबें भेज दी थीं। दो छोटे फ्रांसीसी कोश भी थे। तुम एक अंग्रेज़ी - फ्रांसीसी कोश चाहती थीं। यहाँ मुझे कोई अच्छा-सा नहीं मिला। पाकिट साइज का जो कोश मैंने भेजा है, वह भी ज़्यादा अच्छा नहीं है। मेरे ख़याल से बेहतर यह होगा कि तुम केसेल का फ्रांसीसी - अंग्रेज़ी और अंग्रेज़ी - फ्रांसीसी कोश ले लो, जो एक ही जिल्द में है। मेरी जानकारी में छात्रों के लिए यह सबसे अच्छा कोश है और महँगा भी नहीं है। मैंने हैरों में इसका इस्तेमाल किया था। बेशक तब से अब तक बहुत-से संस्करण हुए हैं। बंबई में वह तुम्हें आसानी से मिल जाएगा।

कुछ टिकट, टिकट लगे लिफ़ाफ़े और पोस्टकार्ड साथ में भेज रहा हूँ। जहाँ तक टार्च की बात है, मुझे यहाँ कोई बढ़िया टार्च नहीं मिल रही है और फिर यहाँ एक नई ख़रीदने और तुम्हें भेजने में कोई तुक नहीं है। भेजने का ख़र्च लगभग उतना ही बैठेगा, जितना

---

[1] इंदिरा गांधी के कागजात, ने. स्मा. सं. पु.।

टार्च का दाम होगा और रास्ते में उसके टूटने का डर भी है। इसलिए मैं जाल को लिख रहा हूँ कि तुम्हारे लिए एक नई टार्च ख़रीद दें। वे तुम्हारे पास भेज देंगे या तुम्हें दे जाएँगे।

मेरी उम्र एक नाज़ुक बात होती जा रही है, जिसका खुलेआम हवाला देना मुनासिब नहीं है। मैं 14 नवंबर, 1889 को पैदा हुआ था— अब तुम हिसाब लगा सकती हो। यह तारीख़ बैस्टाइल पर चढ़ाई के सौ साल बाद की है, जो कि 1789 में हुई थी और जिसमें फ्रांसीसी क्रांति की शुरुआत हुई थी। इससे तुम्हें इसको याद रखने में मदद मिलेगी, अगर तुम इसे याद रखने लायक समझती हो।

छोटी फूफी अब भी अहमदाबाद में ही हैं। उनका पता है : घीकाँटा वाडी, अहमदाबाद। अगर वह बंबई जाती हैं तो तुम्हें ज़रूर ख़बर करेंगी। वहाँ राजा[1] का पता है : 21, न्यू मैरीन लाइन्स, फोर्ट।

मुझे ख़ुशी है कि तुम्हें अपना नया स्कूल पसंद है। तुम यह कैसे कहती हो कि इस साल तुम्हारे पास होने की उम्मीद कम है। मुझे यक़ीन है कि तुम पास हो जाओगी और अच्छे नंबरों से पास होओगी।

मेरा ख़याल है कि मेरे बंबई आने का कोई मौका नहीं है। जाल ने तार दिया है कि मैं चला आऊँ, लेकिन मुझे शक है कि मैं आ सकूँगा।

यहाँ इलाहाबाद में एक फ्रांसीसी दंपती आए थे। वे किसी प्रोफ़ेसर अल्बा का एक परिचय-पत्र लाए थे, जिसमें लिखा था कि पिछले साल जब वे यहाँ आए थे तब मैं जेल में था और वे मिस नेहरू से मिले थे, जिन्होंने उनसे फ्रांसीसी में बातचीत की थी। क्या तुम्हीं उनसे मिली थीं? जो मियाँ- बीवी आए थे, उनसे मुझे फ्रांसीसी में बात करने का मौक़ा मिला। मैं बहुत अटक-अटककर बोलता था, लेकिन फ्रांसीसी सुनकर और एक लंबे अर्से के बाद इसमें बातचीत करके उन्हें बेहद ख़ुशी हुई। वे अंग्रेज़ी ज़्यादा नहीं जानते थे। बेचारी मैडम को तो मलेरिया हो गया और वे एक हफ़्ते तक बीमार रहीं। अब वे बनारस गए हैं और वहाँ से बंबई जा सकते हैं। उनके नाम हैं श्री और श्रीमती डेलेप्लांक। बड़ी फूफी को पूनावाले फोटो मिल गए।

मुझे मालूम हुआ है कि छोटी फूफी बंबई गई हैं।

---

[1] जी. पी. हठीसिंग (जन्म 1906); 1933 में कृष्णा से शादी हुई; कांग्रेस द्वारा नियुक्त नेशनल प्लानिंग कमेटी और चीन सहायता कमेटी के सेक्रेटरी; पुनर्वास मंत्रालय के मानद नियोजक सलाहाकार, 1947।

कुछ दिनों बाद मैं तुम्हारे और श्री वकील के लिए चिट्ठियों[1] की टाइप की हुई नकलें भेज दूँगा। उन्हें भेजने के पहले मैं टाइपिंग की ग़लतियाँ ठीक करने के लिए दोहरा लेना चाहता हूँ।

प्यार,

**तुम्हारा प्यारा**
**पापू**

[1] जो 'ग्लिंपसेज़ वर्ल्ड हिस्ट्री', (इलाहाबाद, 1934 ) ( विश्व इतिहास की झलक) शीर्षक से किताबिस्तान से प्रकाशित हुई थी।

# 8. इंदिरा नेहरू को[1]

**इलाहाबाद**
**16.12.33**

**प्यारी,**

मैं अभी दिल्ली और अलीगढ़ से लौटा हूँ। तुम्हारे छोटे-मोटे खर्चे के लिए बीस रुपए भेज रहा हूँ। इलाहाबाद आने के लिए सफ़र-ख़र्च के वास्ते तुम्हें और ज़रूरत पड़ेगी। वह मैं जल्दी ही भेज दूँगा।

बड़े दिन पर थोड़े दिनों के लिए ज़रूर आ जाओ, वर्ना मुझसे मिलने के लिए तुमको नैनी आना पड़ेगा। अब भी शक है कि तुम मुझे यहाँ पा सकोगी।

जमनालालजी आए हुए हैं और तुम्हें अपना प्यार भेजते हैं।

प्यार,

**पापू**

---

[1] इंदिरा गांधी के कागज़ात, ने. स्मा. सं. पु.।

# 9. इंदिरा नेहरू को[1]

**इलाहाबाद**
**1 जनवरी, 1934**

**प्यारी इंदु,**

आज नए साल का पहला दिन है और मेरे ख़यालात तुम्हारे पास पहुँच रहे हैं और मैं तुम्हें अपना सारा प्यार और शुभकामनाएँ भेजता हूँ। तुम्हारे मुख्तसिर क़याम में हम एक-दूसरे से ज़्यादा नहीं मिल सके, लेकिन चंद रोज के लिए ही सही तुम्हें यहाँ पाकर मुझे ख़ुशी हुई। मुझे डर है कि तीन- चार महीने तक अब मिलना नहीं होगा और अगर मिलना हुआ भी तो वह शायद 20 मिनट की मुलाक़ात ही होगी। लेकिन मुझे यह सोचकर ख़ुशी होगी कि तुम दिमाग़ और ज़िस्म से बढ़ रही हो और अपने को उस बड़े काम के लायक़ बना रही हो, जो तुम्हें आगे की जिंदगी में करना होगा।

इस महीने के बीच में मम्मी और मेरे कलकत्ते जाने की कुछ उम्मीद है। अगर हम वहाँ जाते हैं तो शांतिनिकेतन भी ज़रूर जाएँगे।

हम एक-दो रोज के लिए साइक[2] और पेरीन के इंतज़ार में हैं। वे लाहौर से लौट रहे हैं जहाँ वे बुल से मिलने गई थीं। कलकत्ते से वापसी पर पद्मज़ा भी यहाँ आ सकती है।

याद रखना कि पत्रों की दसवीं जिल्द जो तुम्हारे पास है, उसे मेरे पास भेजना है।

मम्मी अपना प्यार भेजती हैं।

प्यार और चुंबन,

**तुम्हारा प्यारा**
**पापू**

---

[1] इंदिरा गांधी के कागज़ात, ने. स्मा. सं. पु.।

[2] गोशीबहन कैप्टेन, दादा भाई नौरोजी की पौत्री।

# 10. इंदिरा नेहरू को[1]

**इलाहाबाद**
**12.1.34**

**प्यारी इंदु,**

तुम्हारा ख़त अभी मिला। बड़े अफ़सोस की बात है कि तुम समुद्र के इतने नज़दीक रहती हो और फिर भी तुमने उसमें तैराकी नहीं की। श्री वकील को मैं लिख रहा हूँ। बेशक कुछ किनारे काम के नहीं हैं, लेकिन जुहू में कोई अच्छी जगह ढूँढ़ लेना मुमकिन होना चाहिए। एक बुरी जगह चुनने के मुकाबले यह कहीं ज़्यादा बेहतर है कि कुछ दूर की एक महफ़ूज और अच्छी जगह पर जाया जाए। इतवार को हमारे बहुत-से दोस्त जुहू जाकर नहाते और तैरते होंगे। मेरा ख़याल है कि उनमें से कुछ को, जैसे साइक वगैरह को, तुम जानती हो। तुम हमेशा उनके पास जा सकती हो। हफ़्ते के किसी दूसरे दिन भी जुहू जा सकती हो और ज़रूरत हो तो तुम्हारे साथ कोई चला जा सकता है। मेरा ख़याल है कि ऐसा इंतज़ाम करना ज़्यादा मुश्किल नहीं होगा।

छोटी फूफी के हाथ मैंने तुम्हें मार्गरेट एग्निड की क़िताब भेजी थी। मुझे उम्मीद है कि वह उन्होंने तुम्हें दे दी होगी। मैं चाहता हूँ कि तुम अपने शरीर का अच्छी तरह से विकास करो, क्योंकि यह तंदुरुस्ती और ख़ूबसूरती की बुनियाद है। अभी तो तुम बहुत कमज़ोर हो। तुम्हारी पीठ ज़रा भी मज़बूत नहीं है। और क्या तुम यह नहीं चाहतीं कि तुम्हारी रीढ़ की हड्डी सख्त हो? मैंने महसूस किया है कि थोड़ी-सी कसरत से बड़ा फ़र्क पड़ जाता है। दिन ज़्यादा ख़ुशग़वार मालूम होता है और हम ज़्यादा खुश रहते हैं और हमारे पाँव भी हल्के पड़ते हैं।

जब तुम तैरो तो उसके बाद बालू पर थोड़ी दौड़ लगा लिया करो। इससे ठंड जाती रहती है।

मम्मी अपना प्यार भेजती हैं।

प्यार,

**तुम्हारा प्यारा**
**पापू**

---

[1] इंदिरा गांधी के कागज़ात, ने. स्मा. सं. पु.।

# 11. इंदिरा नेहरू को[1]

**शांतिनिकेतन**
**19 जनवरी, 1934**

**प्यारे इंदु बेटे,**

कलकत्ते में हम साढ़े तीन दिन बहुत आपाधापी में रहे और अब शांतिनिकेतन में हैं। हम यहाँ आज शाम को पहुँचे और हमारा स्वागत कवि ने और सारे छात्रों और अध्यापकों ने किया, जो वहाँ इकट्ठा हो गए थे। कवि ने स्वागत में कुछ लाइनें पढ़ीं जो बहुत ही सुंदर थीं।

हमको कवि के निजी मकान में ठहराया गया है। बड़े ख़ुशनुमा छोटे कमरे हमें मिले हैं, जिनमें फर्नीचर निहायत बेहतरीन है। नीची कुर्सियाँ और मेजें और छोटी-मोटी कलापूर्ण सजावट की चीज़ें। बेशक कला यहाँ की ख़ास ख़ूबी है और हर चीज़ पर कला की छाप है।

बिजली की बत्तियाँ गुल हो गई हैं और मैं एक हरीकेन लालटेन की रोशनी में यह ख़त लिख रहा हूँ। क़रीब आधी रात का वक़्त है और मम्मी सो गई हैं। हालाँकि मैं थका हूँ, मैं तुम्हें कुछ लाइनें लिख देना चाहता था, क्योंकि बहुत रोज से मैंने तुम्हें लिखा नहीं है और फिर जल्द लिखना शायद मुमकिन न हो। इलाहाबाद पहुँचने के पहले तीन रोज तक हम सफ़र में ही रहेंगे।

कल हम शांतिनिकेतन घूमेंगे और श्रीनिकेतन भी जाएँगे, जहाँ खेती होती है। मैं कवि से बातें करूँगा और बाद में छात्रों और स्टाफ से। और रात को हम फिर ट्रेन पर होंगे और सफ़र जारी रहेगा। हमारा अगला क़याम पटना में होगा। हम वहाँ दिन-भर ठहरकर राजेंद्र बाबू से मिलेंगे और जलजलेवाले इलाक़ों में सहायता के काम के बारे में बातें करेंगे। यहाँ ख़ौफ़नाक तबाही और जान की बरबादी हुई है और बच्चे बड़ी तादाद में बे-घरबार के हो गए हैं।

15 तारीख़ को हमने इलाहाबाद में जलजले का अच्छा ख़ासा झटका महसूस किया। मैं उस वक़्त बरामदे में खड़ा किसानों के एक झुंड से बातें कर रहा था। अचानक मैं घूमने लगा और जब मैंने समझ लिया कि यह जलजला है तो मुझे दिलचस्पी हुई और

---

[1] इंदिरा गांधी के कागज़ात, ने. स्मा. सं. पु.।

बड़ा मज़ा आने लगा। इलाहाबाद में ज़्यादा कुछ नहीं हुआ, लेकिन बिहार में यह मज़े की बात नहीं रही। पूरे- के-पूरे शहर तबाह हो गए। क्या तुमने भी जलजला महसूस किया था?

उम्मीद है कि हम 22 तारीख़ को इलाहाबाद पहुँच जाएँगे।

तुमको जो ख़त मैंने जेल से लिखे थे, उनमें से आख़िरी ख़त[1] मैंने 'मार्डन रिव्यू' को छापने के लिए दिया है। उसके अगले अंक में वह छपेगा। फ़रवरी की 'सरस्वती' में उसका हिंदी अनुवाद भी निकलेगा।

अब तुझे सो जाना चाहिए, क्योंकि हमें जल्दी उठना है। तभी कवि के साथ चाय ले सकेंगे।

मेरा बहुत-बहुत प्यार ( और मम्मी का भी, गो कि वे सोई हुई हैं!)

**तुम्हारा प्यारा**

**पापू**

[1] देखिए 'जवाहरलाल नेहरू वाङ्मय', खंड 5, पृ. 480-486।

# 12. इंदिरा नेहरू को[1]

**इलाहाबाद**
**25.1.34**

**प्यारी,**

आज हमारे स्वाधीनता - दिवस के पहले की शाम है और मैं तुम्हें ख़त लिखने बैठा हूँ। मैं सोचता हूँ कि आनंद भवन से और अपनी लाइब्रेरी की इस मेज से मैं फिर कब तुम्हें ख़त लिख सकूँगा, जहाँ अपनी क़िताबों से घिरा, बहुत लंबे-लंबे घंटों तक, महीने - दर - महीने मैं बैठता रहा हूँ। क़िताबों की सोहबत मुझे पसंद है, भले ही उन्हें पढ़ने का वक़्त मेरे पास न हो। वे यहाँ मौजूद हैं क़तार - दर - क़तार, ज़मानों की अक़्लमंदी उनमें बंद पड़ी है, एक बदलती हुई और परेशान दुनिया में वे शांत और अटल बनी रहकर ख़ामोशी के साथ फ़ानी लोगों को देखती हैं, जो आते हैं और चले जाते हैं। अगर मैं कहीं और चला जाऊँ तो मैं कुछ अर्से तक उनकी कमी महसूस करूँगा और उनकी याद करूँगा। लेकिन असल में इससे किसी तरह का फ़र्क नहीं पड़ता क्योंकि जहाँ भी मैं होता हूँ, अपने को उस माहौल के मुआफ़िक बनाने की कोशिश करता हूँ।

शांतिनिकेतन मुझे पसंद आया और तुम्हारी मम्मी को भी। मैं सोचता हूँ कि अगर तुम वहाँ एक-आध साल रह जाओ तो बहुत अच्छा होगा। तुम्हें वहाँ आराम और सहूलियतें तो नहीं मिलेंगी, लेकिन यह एक मासूली बात है और लोगों को सख़्ती की आदत डालनी चाहिए। यह एक बहुत ही शांत जगह है। यहाँ एक जर्मन सज्जन हैं जो बौद्ध भिक्षु हैं। वे जर्मन और फ्रांसीसी, दोनों भाषाएँ पढ़ाते हैं। मैं नहीं जानता, वे अपने काम में कितने होशियार हैं, लेकिन उनका चेहरा आकर्षक था, जैसा कि बौद्ध भिक्षुओं का अक्सर होता है। कला - विभाग तो बेशक बहुत ही बेहतरीन है। अगर तुम वहाँ जाओ तो मेरा ख़याल है कि चित्रकला सीखना तुम्हारे लिए ज़्यादा अच्छा होगा। नंदलाल बोस[2] कला - भवन के अध्यक्ष हैं। वे मौजूदा वक़्त के सबसे बड़े हिंदुस्तानी चित्रकारों में से एक हैं और बड़े अच्छे गुरु हैं। लेकिन यह वक़्त से बहुत पहले की बात है। बाद में, वक़्त आने पर, हम इसके बारे में सोच सकते हैं।

---

[1] इंदिरा गांधी के कागज़ात, ने. स्मा. सं. पु.।

[2] (1883-1966), बंगाल की कला - धारा के प्रतिष्ठित चित्रकार; बहुत बरसों तक विश्व भारती में कला की शिक्षा देते रहे; पद्म विभूषण, 1955 ।

फिर भी एक विचार मुझे जँचता हैं। मैं चाहता हूँ कि तुम हिंदुस्तान के मुख़्तलिफ़ लोगों को जान जाओ और अगर तुम शांतिनिकेतन जाओगी तो तुम बंगला सीख जाओगी और बंगालियों को ज़्यादा अच्छी तरह जान सकोगी। कुछ गुज़राती तो तुमने सीख ली होगी और कुछ थोड़ी मराठी भी।

और अब, मुझे अलविदा कहना चाहिए और इस ख़त को अपने प्यार के साथ जो हक़ीकतन तुम्हें हमेशा ही मिलता है, ख़त्म करना चाहिए।

**तुम्हारा प्यारा**

**पापू**

# 13. इंदिरा नेहरू को[1]

**इलाहाबाद**
**29.1.34**

**प्यारी इंदु,**

स्वाधीनता दिवस को मैं पार कर आया, गो कि ऐसा न करने की मैंने बहुत कोशिश की थी। लेकिन किया क्या जाए?

तुम्हारा ख़त मुझे आज मिला। नहीं, तेरह के बारे में मुझे ज़रा भी बहम नहीं है। मेरे ख़याल से वह उतना ही अच्छा या बुरा है जितना कोई और दिन। बेशक तुम अपने शुरू के इम्तिहान के बारे में थोड़े जोश में रही होओगी। लेकिन इम्तिहान कोई ऐसी बात नहीं है, जिस पर जोश आए। कुछ फ़ासले से वे ज़रा डरावने जान पड़ते हैं, लेकिन अगर उनको आराम से अपनाओ तो उनमें जोश आने जैसी कोई बात नहीं है।

ख़तों का दसवाँ हिस्सा मुझे मिल गया है। शुक्रिया।

हम सब मिलकर बिहार सहायता के लिए चंदा जमा करने के काम में लगे हुए हैं। आनंद भवन उन कंबलों और कपड़ों से पटा पड़ा है, जिन्हें लोग भेज रहे हैं।

दोलम्मा ठीक-ठाक हैं। तुम्हारी मम्मी तो घर-घर और दूकान - दूकान जाकर पैसा जमा करने में बेहद मशगूल हैं।

प्यार,

**तुम्हारा प्यारा**
**पापू**

[1] इंदिरा गांधी के कागज़ात, ने. स्मा. सं. पु.।

# 14. इंदिरा नेहरू को[1]

**अल्मोड़ा जेल**
**26 मई, 1935**

**प्यारी इंदु,**

तुम्हारा और मम्मी का पत्र जो बंबई से पानी के जहाज़ से रवाना होने से पहले लिखा था,[2] आज मुझे मिला। मैं फ़ौरन इसका जबाव दे रहा हूँ, क्योंकि मेरे ख़त के भेजने में पहले ही काफ़ी देर हो गई है। मैं इसे हवाई डाक से भेजूँगा, आगे के पत्र भी, जो कि बिला - शक हर पंद्रहवें दिन जाएँगे। मुझे पता है कि हवाई डाक कब जाती है, लेकिन चूँकि अब कई बार हवाई सेवाएँ हैं, इसलिए उससे कोई ख़ास फ़र्क़ नहीं पड़ता। मैं चाहता हूँ कि तुम और मम्मी भी हवाई डाक से सीधा अल्मोड़ा - जेल को चिट्ठी भेजो मुझे नहीं लगता कि इस जेल से कुछ दिनों तक मेरी बदली होगी। अगर बदली हुई तो मैं तुम्हें ख़बर देने की कोशिश करूँगा।

मैं अपनी चिट्ठियाँ, अगर भेजा तो तार या बेतार का संदेसा भी, टामस कुक, जिनेवा, की मार्फ़त भेजूँगा, इसलिए तुम मेहरबानी करके जिनेवा में कुक्स के साथ संपर्क रखना। यदि तुम कुछ समय के लिए और जगह जाकर रहो तो वहाँ का पता मुझे फ़ौरन भेज देना, जिससे मैं सीधे चिट्ठी लिख सकूँ। मैंने मदन भाई से आनंद भवन तार भेजने के लिए कह दिया है और ऐसी तजवीज कर दी है कि वे मुझे यहाँ भेज दिए जाएँ। लेकिन उनसे कह देना कि अगर कोई ख़ास संदेश देना हो, जिसके जवाब की जल्दी ही ज़रूरत हो, तो वह मुझे यहाँ सीधे तार कर दें। मेरा ख़याल है कि ख़ास ज़रूरत का कोई मौक़ा नहीं आएगा। आख़िर इतनी दूर से मैं क्या सलाह या सुझाव दे सकता हूँ? सारे फैसले तुम तीनों को ही करने होंगे, और ऐसा करना अच्छा ही है। हम सबको अपने पर भरोसा होना चाहिए और हमें अपने ऊपर ही मुनहसिर करना चाहिए। तुम मेरे आम विचारों को जानती हो और मैंने तो इससे भी आगे बढ़कर वे सारौं ग़ैरजरूरी तफ़सीलें दे दी हैं, जो मैं दे सकता था। मेरी यह बुरी आदत पड़ गई है, जिसे जेल भी दूर नहीं कर सका।

---

[1] इंदिरा गांधी के कागजात, ने. स्मा. सं. पु.।

[2] कमला नेहरू 23 मई, 1935 को डॉक्टरी इलाज के लिए यूरोप को रवाना हुई थीं।

हमारे बंबई के मित्रों ने, जो कि बहुत हैं, तुम्हारे साथ कमाल का व्यवहार किया और बंबई में और समुद्री सफ़र में तुम्हारे आराम के लिए सब कुछ किया। बेशक यह बड़ी अच्छी लगनेवाली बात है; और फिर भी मैं कभी- कभी सोचता हूँ कि हम पर इतनी ज़बर्दस्त सद्भावना और मदद की बौछार करने में ख़तरा है। उससे हम बिगड़ जाते हैं और उसे हर जगह अधिकार के रूप में पाने की इच्छा करना शुरू कर देते हैं - और जब वह नहीं मिलती तो हमें तकलीफ़ और खीझ होती है। दूसरों पर निर्भर करने का हमारा स्वभाव बन जाता है - यह एक बुरी आदत है। बहरहाल, यूरोप में तुम इस सब निजी देखभाल और मदद की उम्मीद नहीं कर सकतीं। दरअसल वहाँ जाने और अपने घरौंदे से बाहर निकलने के फ़ायदों में से यह भी एक फ़ायदा है।

मैं चाहता हूँ कि तुम पीलू[1] को लिखो और मेरी तरफ से उन्हें एक संदेसा दे दो। यह कुछ अजीबोगरीब - सी बात है कि मैं यूरोप के जरिए बंबई को संदेसा भेजूँ, लेकिन फ़िलहाल हमारे लिए ज़िंदगी में कुछ ऐसा ही बदा है। मैं उनको सीधा नहीं लिख सकता। असल में तुम्हारे और मम्मी के अलावा मैं किसी को भी नहीं लिख सकता। पीलू को कहना कि मेरे ख़याल से वे बहुत ही ज़ोरदार शख्सियत हैं और मैं उनका बहुत ही शुक्रगुज़ार हूँ। उन्हें मेरा प्यार देना।

तुम्हें यह पत्र लिखते समय तुम जमीन से दूर, अरब सागर में होगी। जहाज़ पर भी तुम्हें ख़ूब भलमनसाहत मिलेगी। बहुत-से दोस्त हैं और लॉयड ट्रीस्टिनो लोग अच्छे होते हैं। इसके अलावा, इतालवी कौंसल के ख़त और दूसरी ओर स्कारपा के कारण तुम्हें मुसोलिनी के आदमी की भी मदद मिलेगी और इतालवी जहाज़ पर यह बात एक बड़ी सुरक्षा है। मुझे कुछ ऐसा अंदाज़ है कि यह क़रीब क़रीब वह वक़्त है जबकि मुसोलिनी ने रोम[2] पर कूच किया था; और अगर ऐसा है तो उसका जहाज़ पर जश्न मनाया जाएगा। क्या तुम्हें मई 1931 में इतालवी 'क्रेकोविया' जहाज़ पर हुआ जश्न, उसके गानों और ब्लैकशर्ट्स और 'एवीवास' की याद है? फ़ासिज़्म की बाबत बहुत थोड़ी चीज़ों में मुझे जो एक चीज़ पसंद है, वह है जवानी का उनका गीत - जियोविनेज़्ज़ा - और मन में बार-बार उठनेवाली उसकी टेक।

जहाज़ पर तुम बहुत बड़े-बड़े लोग पाओगी। ये लोग अमूमन ख़ुशमिज़ाज हैं और नज़दीक से देखो तो उतने बड़े दिखाई नहीं देते। मुझे ख़ुशी है कि तुम श्रीमती एस. के. दत्ता से मिलीं। मुझे मालूम हुआ है कि वह हिंदुस्तानी लड़कियों की टोली को यूरोप के

[1] श्रीमती पीलू वैसुगर; विदेशों में टाटा - छात्रवृत्तियों की इंचार्ज।

[2] वास्तव में रोम पर यह कूच अक्टूबर 1922 में हुआ था।

सफ़र पर ले जा रही हैं। हर साल वह ऐसा करती हैं। बहरहाल तुम्हें बहुत ही ख़ुशग़वार साथ मिल जाएगा। मैं श्रीमती दत्ता से कभी नहीं मिला, लेकिन मैं डॉ. एस. के. दत्ता को अच्छी तरह जानता हूँ और मेरा ख़याल है कि वह बहुत ही भले आदमी हैं। वह दादू के दोस्त और प्रशंसक थे। दादू की मौत से उन्हें इतना सदमा पहुँचा कि उन्होंने चुपचाप, बिना किसी शोर-शराबे के, तंबाकू पीना छोड़ दिया। यह एक दोस्त के प्रति बड़ी ही दिल को छूनेवाली और बढ़िया श्रद्धांजलि थी और वह किसी धूम्रपान करनेवाले के लिए ज़िंदगी-भर की आदत छोड़ देना एक त्याग था।

मुझे उम्मीद है कि तुम्हारा सफ़र शांति से हो रहा होगा और तुम मानसून से भी बच जाओगी, और फिर भी मेरी बड़ी ख़्वाहिश है कि तुम्हें - मम्मी को नहीं - बड़े समुद्रों में मानसून का तज़रबा हो। समुद्र की अपनी शान है- छोटे-से जहाज़ के इर्द-गिर्द बड़ी-बड़ी लहरें थपेड़े मारती हुई और पानी की बड़ी-बड़ी बौछारें डेक को घेरती हुईं। बादलों का फटना एक अजीब तूफ़ानी ढंग का होता है और दूर तुम्हें ऐसा दिखाई देता है जैसे बड़े-बड़े खंभे समुद्र को ऊपर बादलों से जोड़ रहे हों। पढ़ाई के दिनों में दो मरतबा मैं अरब सागर के मानसून से गुज़रा था। जहाज़ के सारे लोग, यानी मुसाफ़िर, अदन से बंबई तक सारे रास्ते पस्त रहे और कराहते रहे। लेकिन मैं और कोई आधे दर्जन यात्री उससे बचे रहे और खाना खाने के लिए बराबर भोजन के सैलून में जाते रहे। चीज़ों को पकड़-पकड़कर इधर-उधर चलना बड़ा मुश्किल था और कभी-कभी खाना इधर-उधर उछल पड़ता था।

अच्छा, तो तुम ट्रीस्ट और वियना या मैं कहूँ, विएन, जैसा कि आस्ट्रिया के बाशिंदे इसे पुकारते हैं, जा रही हो? मेरा दिमाग़ चौथाई सदी या उससे भी ज़्यादा पीछे जा रहा है— मेरा ख़याल है कि वह सन् 1909 था, जबकि मैं दादू और श्रीधर चाचा के साथ वहाँ गया था। वह लड़ाई के पहले का वियना था- लुभावना, सलोना, सुंदरता और ऐतिहासिक चीज़ों से भरा हुआ। वह सौम्य ढंग के गानों, नाचों और मनोरंजक नाटकघरों और संगीत का घर था। क्या तुम मशहूर पुराने ब्लू डेन्यूब नाच को जानती हो? शायद नई पीढ़ी कान फाड़नेवाले जॉज़ के इन दिनों में उन मज़ेदार छोटी-छोटी चीज़ों को भूल गई है। वियना के बाशिंदों में जर्मनों और इतालवियों का अजीबोगरीब और बहुत ही सुंदर मेल था। जैसे भी हो, उन्होंने दोनों की बहुत-सी अच्छी-अच्छी बातें हासिल कर ली थीं और जिंदगी का बहाव, कम-से-कम ऊपर की सतह पर मोहक़ शालीनता के साथ बहता दिखाई देता था। लेकिन यह पुरानी, बहुत पुरानी बात है - वक़्त के हिसाब से उतनी पुरानी नहीं, जितनी कि दुःखभरी घटनाओं के लगातार होने के हिसाब से। वियना, गर्वीला वियना, एक हज़ार साल पुराना वियना, बड़ी जंग से बुरी तरह चोट खा गया था, और तब से वह नीचे ही गिरता गया है और सिसक रहा है। आज वह त्रासदी की छायी हुई घटाओं

के नीचे ख़तरनाक़ जिंदगी बसर कर रहा है।[1] कोई नहीं कह सकता कि उसका भविष्य क्या होगा। पिछले साल ही वहाँ भयंकर गृह-युद्ध हुआ था।

लेकिन इस सबसे तुम्हारा कोई वास्ता नहीं होगा, और थोड़े दिनों के अपने निवास में तुम उस महान् नगर की ऊपरी शक्ल देखोगी और तुम्हें यह पता भी नहीं चलेगा कि उसके पीछे क्या है। लेकिन वियना की शान-शौक़त ग़ायब हो गई है और मुझे यक़ीन है कि अगर मैं वहाँ गया तो मुझे बुरा लगेगा। वह महान् नगरों में एक है या था, जिसकी रोम और पेरिस और लंदन- बर्लिन नहीं— की तरह आत्मा और शख्सियत थी। मुझे याद है कि मुझको वियना के एक गिरजाघर की लंबी-चौड़ी गुंबद पर ले जाया गया था, जहाँ से हमने शहर का बढ़िया नज़ारा देखा था और उस गुंबद पर हमें हमलावर तुर्कों द्वारा, जिन्होंने शहर की घेराबंदी[2] कर ली थी, सैकड़ों साल पहले चलाई गई गोलियों के निशान दिखाए गए थे।

लड़ाई के बाद आधुनिक वियना ने एक चीज़ पैदा की, जो तब नायाब मानी जाती थी। वह थी मज़दूरों के बहुत अच्छे फ़्लैटों की कतारें। वे सुंदर महल थे, जिनमें मज़दूर बहुत सस्ते में रहते थे। मज़दूरों की इन इमारतों में से बहुत-सी इमारतें गए साल के गृह-युद्ध में ज़मींदोज़ हो गई, फिर भी वहाँ जाकर यह देखना बहुत अच्छा है कि किस तरह गतिशील म्यूनिसपैलिटी अपने ग़रीब-से-ग़रीब नागरिकों के लिए क्या कर सकती है। अगर तुम्हें वहाँ जाकर देखने का मौक़ा मिले तो उनकी अपने यहाँ की मिट्टी की झोंपड़ियों से तुलना करना। नानू वहाँ हों तो वे तुम्हें आसानी से ले जा सकते हैं।

मैं उम्मीद करता हूँ कि नानू वहाँ तुम्हारे साथ हैं और तुमने ट्रीस्ट पहुँचकर उन्हें तार दे दिया होगा। वह न सिर्फ़ तुम्हारे लिए बहुत मददगार होंगे, बल्कि उनकी मौजूदगी से तुम्हारा बहुत-सा पैसा बच जाएगा, क्योंकि उन्हें उस जगह की और लोगों की जानकारी है।

वियना और दूसरी जगहों को देखना अच्छा है, लेकिन मुझे उम्मीद है कि तुम सब जल्दी ही बढ़िया पुराने शानदार सुस्से में अपना डेरा जमा लोगी। मैं क़तई नहीं सोचता कि मम्मी को एक जगह से दूसरी जगह घूमाया जाएगा, और मुझे ख़ासतौर पर उम्मीद है कि उनके सामने बर्लिन जाने की लाचारी नहीं होगी। वह जितनी जल्दी स्विट्ज़रलैंड में जम जाएँगी, तुम भी उतनी ही जल्दी अपना काम करने लगोगी। बाद में जब मम्मी बेहतर

---

[1] आस्ट्रिया के चांसलर ऐंगिल बर्ट डालफस ने मार्च 1933 में संसदीय सरकार को भंग कर दिया था और अगले साल समाजवादियों का दमन किया था; लेकिन जुलाई 1935 में वह स्वयं नाजियों द्वारा मार डाला गया था।

[2] तुर्कों ने वियना को 1529 और 1683 में घेर लिया था।

हो जाएँगी तो मैं चाहूँगा कि तुम दोनों थोड़ा घूमो। लेकिन बीमारी की हालत में सफ़र करने में कोई तुक नहीं है; फ़िलहाल तुम्हारा इधर-उधर आना-जाना मम्मी के इलाज पर और उनका ऑपरेशन होता है या नहीं, इस पर कुदरतन मुनहसिर करेगा। शायद यह मसला तुम्हारे पहुँचने के दो या तीन हफ़्ते के भीतर तय हो जाएगा। क्या तुम मेहरबानी करके मदनभाई से कह दोगी कि मुझे काफ़ी तफ़सील के साथ तार दे दें कि ऑपरेशन करना मुनासिब होगा या नहीं और आगे के इलाज के बारे में वियना के चिकित्सक की क्या राय है?

जैसा कि तुम कहती हो, मम्मी और तुम, बेशक सब-कुछ बहुत अच्छी तरह से सँभाल लोगी। इससे उल्टा तुम कर ही नहीं सकतीं, क्योंकि तुम्हें घर-बार की इज्ज़त को बनाए रखना है। फ़िलहाल इंतज़ाम मुख्य रूप से तुम्हें ही करना होगा, क्योंकि मम्मी को तो अपनी ही देखभाल करने के लिए काफ़ी काम होगा। लेकिन मैं चाहता हूँ कि इंतज़ाम में तुम निजी दिलचस्पी लो, चाहे वह होटल में कमरा तय करने का काम हो, रेल में जगह सुरक्षित करने का या बहुत-सी दूसरी चीज़ें हों, जा सामने आवेंगी। मदनभाई पर ज़्यादा बोझ मत डालना। खुद जगह बदलने की आदत डालनी चाहिए, नहीं तो बाद में मुश्किलों का मुकाबला करना पड़ेगा। हिसाब में भी दिलचस्पी रखना, जिससे तुम्हें पता चल सके कि क्या हो रहा है; और जब भी मदनभाई को बाहर जाना पड़े, तुम काम को अपने हाथ में ले सको। मेरा ख़याल है कि मदनभाई जिनीवा में कुक्स के साथ खाता खोल लेंगे। वह तुम्हारे और उनके, दोनों के नाम से हो सकता है।

इस दरमियान मिली हैमरलिन से संपर्क रखना।

प्यारी बेटी, मैं चिंता नहीं करता। मैं बिलखनेवाला आदमी नहीं हूँ। अगर वैसी मेरी आदत होती तो मैं अब तक कब का ख़त्म हो गया होता। लेकिन कठिनाइयों और मुसीबतों के होते हुए मैं आगे बढ़ रहा हूँ और उनके ही कारण मुझे ज़िंदगी जीने लायक़ लगती है। जब कभी कोई क़दम उठाना होता है या काम मेरे सामने होता है तो मैं उस पर अपना ध्यान जमा देता हूँ और जी-जान से उसे पूरा करने की कोशिश करता हूँ। जब कोई क़दम नहीं उठाने दिया जाता तो मैं अपने दिमाग़ के उस दराज़ को बंद कर देता हूँ और दूसरा दराज़ खोल लेता हूँ। और चूँकि अब मैं और कोई काम नहीं करता, मैं जेल के अपने छोटे-से बगीचे में, और अपने फूलों में, और अपने पौधों में ख़ूब दिलचस्पी लेता हूँ और जितना मुझमें इंतज़ाम का माद्दा है, उतना ही अपनी देखभाल और सेवा का फ़ायदा उन्हें पहुँचाता हूँ। बारिश का देवता, इंद्र, हमारे साथ दग़ा कर रहा है और दो महीने से पानी बिलकुल नहीं पड़ा है। लेकिन मैं इस दुराग्रही प्राणी से जूझ रहा हूँ, क्योंकि मेरा लड़ाकू स्वभाव रास्ता निकाल ही लेता है, और मुझे जितना पानी मिलता है, उसकी एक- एक बूँद का मैं होशियारी से इस्तेमाल कर लेता हूँ। फूलों के मेरे कुछ पौधे सूख गए हैं, लेकिन कुल मिलाकर मैं डटा हुआ हूँ।

मैं अपने एक छोटे-से तंबू में रहता हूँ, क्योंकि मेरी बैरक की मरम्मत हो रही है। दोपहरी में बड़ी गर्मी हो जाती है, लेकिन मैं अपनी बैरक से इस तंबू को ज्यादा तरजीह देता हूँ, क्योंकि मेरे ऊपर रात को तारे चमकते हैं और तंबू मेरे दिल में सफ़र का आभास पैदा करता है; और हालाँकि तुम बड़े समुद्र में सफ़र कर सकती हो, मेरे ख़याली सफ़र और भी बड़े हैं और मुझे बहुत - बहुत दूर ले जाते हैं।

आज सवेरे मैंने राजा और छोटी फूफी से भेंट की। वे कल अल्मोड़ा आए थे और आज भुवाली लौट गए। बच्चा बराबर पुकारता रहा। अपनी अगली मुलाक़ात में, एक पखवाड़े - बाद, मैं चाँद और तारा और रीतू को देखने की उम्मीद करता हूँ। डोलम्मा की सेहत ठीक नहीं है। मैं उम्मीद करता हूँ कि तुम उन्हें चंद सतरें बराबर लिखती रहोगी। इससे उनका हौसला बहुत बढ़ेगा। फूफियों को भी लिखना और अपनी योजनाओं की जानकारी उन्हें देती रहना।

मुझे 'विश्व - इतिहास की झलक' की दूसरे खंड की एक कॉपी मिली है और मुझे मालूम हुआ है कि तुम अपने साथ उसकी कई कॉपियाँ ले गई हो। क़िताब देखने और सँभालने में काफ़ी भारी-भरकम है। उसे पढ़ने की बात से तुम डर उठोगी! अच्छा होता, अगर उसे दो हिस्सों में बाँट दिया जाता। बदकिस्मती से उसमें ग़लतियों और छोटी-मोटी भूलों की भरमार है। चूँकि मैं प्रूफ नहीं देख सका था, इसलिए ऐसा होना ही था। लेकिन जो हो, इससे खीझ होती है। शायद तुम्हें कहीं भी मतलब समझने में चूक नहीं होगी।

बंबई से मुझे तुम्हारा तार मिल गया है। मैं मदनभाई को अलग से नहीं लिख रहा हूँ। इस ख़त में उनकी दिलचस्पी जिस चीज़ में हो, या जिससे उनका ताल्लुक़ हो, वह उन्हें बता देना।

अच्छा, अगली बार तक के लिए विदा! मेरा बहुत - बहुत प्यार!

**तुम्हारा प्यारा**

**पापू**

# 15. इंदिरा नेहरू को[1]

**बेडनवीलर**
**15.1.1936**

**प्यारी इंदु,**

कल सवेरे मैंने तुम्हें लिखा था कि मम्मी बेहतर दिखाई दे रही हैं। तेल के साथ अंदर साँस खींचना कामयाब रहा। दोपहर बाद वह खाँसी की वजह से हैरान रहीं। उन्हें जो बहुत-सा बलगम परेशान कर रहा था, उसे निकालने की कोशिश करती रहीं। यह दिल की, जो कि ठीक काम नहीं कर रहा है, कमज़ोरी के कारण हुआ दीखता है। 22 दिसंबर को उन्हें जो दौरा हुआ था, यह कुछ वैसा ही था, सिर्फ़ थोड़ा हल्का था। कुछ हद तक यह तेल की प्रतिक्रिया के कारण भी हो सकता है; लेकिन ख़ास तौर पर, मेरा अंदाज़ है, लंबे अर्से तक ऊँचा तापमान रहने की वजह से थकान के मारे हुआ। दौरे से तात्कालिक ख़तरा दिखाई नहीं दिया, लेकिन दरअसल वह बहुत पस्त कर देनेवाला था, क्योंकि वह तीन या चार घंटे तक चलता रहा। उन्हें नींद की कोई तेज़ ख़ुराक देना भी मुनासिब नहीं माना गया, क्योंकि उसका दिल पर अच्छा असर नहीं पड़ता। रात को तापमान भी ऊँचा हो गया। बड़े तड़के, कोई 4 बजे, वह गहरी नींद में सो गईं और इस वक़्त 10.30 बजे, जबकि मैं तुम्हें लिख रहा हूँ, वह सो रही हैं।

मैंने तुम्हारी जर्मन के बारे में लिखा था कि तुम मिली हैमरलिन से सलाह करके जैसा भी ठीक समझो, करो! बिना इस बात की ज़्यादा जानकारी के कि वहाँ किस क़िस्म की पढ़ाई होती है, मेरे लिए सलाह देना मुश्किल है। आमतौर पर कह सकते हैं कि किसी जबान को सीखने का सिलसिला जारी रखना चाहिए, क्योंकि एक मतरबा वह टूटा कि उसे फिर से शुरू करना पड़ता है। उसे पूरी तरह से छोड़ देने की निस्बत यह अच्छा है कि कम वक़्त दिया जाए। लेकिन इन अस्पष्ट विचारों को अमली मुद्दों से नहीं जोड़ना चाहिए। इन मुद्दों पर तुम और मिली हैमरलिन ही अच्छी तरह ग़ौर कर सकती हो।

लंदन के मेरे आगे के दौरे का आरजी कार्यक्रम मुझे मिल गया है। वह पहले ही काफ़ी भरा हुआ है और पिछले वक़्त की निस्बत और भी भारी होना मुमकिन है। लेकिन उसे वैज्ञानिक ढंग से बनाया गया है, इसलिए उसे निभाना आसान होगा। शायद मैं बहुत-

---

[1] इंदिरा गांधी के कागज़ात, ने. स्मा. सं. पु.।

से ग्रंथकारों और लेखकों से मिलूँगा। देखो, मैं खुद उसी भाईचारे का हूँ, क्योंकि मैंने 'विश्व इतिहास की झलक' लिखी है। अगर तुम भी इन चंद लोगों से मिली होतीं तो अच्छा होता, कारण किए दिलचस्प लोग हैं। लेकिन भविष्य में तुम्हें इनसे मिलने के बहुत-से मौके मिलेंगे। दूसरे आकर्षक लोगों से बराबरी के दर्जे पर मिलने के लिए हमें अपने को बौद्धिक और दूसरी तरह से दिलचस्प बनाना चाहिए। कोई वजह नहीं है कि दिलचस्पी महज़ इकतरफ़ा हो।

इन दिनों धुंध छाई है और बारिश हो रही है। मेरा ख़याल है कि यूरोप के बड़े हिस्से में ऐसा है। लेकिन मौसम बदलता दिखाई दे रहा है। पिछली रात को यहाँ थोड़ा कुहरा था। सोचता हूँ, कुछ ही दिनों में बर्फ़ फिर गिरने लगेगी।

मम्मी का प्यार!

**तुम्हारा प्यारा**
**पापू**

# 16. इंदिरा नेहरू को[1]

**लंदन**
**30.1.1936**

**प्यारी इंदु,**

कई दिन से मैं तुम्हें लिखने की सोच रहा हूँ। लेकिन पूरे दिन मैं बाहर रहता हूँ; एक जगह से दूसरी जगह भागता हुआ और रात को बहुत देर से लौटता हूँ, थकावट से एकदम चूर होकर। मैं मम्मी को चंद सतरें लिख देता हूँ। थकान और नींद की गिरफ़्त में आने से पहले बस इतना ही कर पाता हूँ। पिछले मौके पर कार्यक्रम जितना भारी था, उससे कहीं भारी इस वक़्त मेरे सामने है। यह जाब्ता तौर पर वैज्ञानिक है और होशियारी के साथ बनाया गया है। लोग मुझे एक जगह से दूसरी जगह ले जाने के लिए आ जाते हैं और सारी चीज़ें बड़ी अच्छी तरह निभ जाती हैं; लेकिन जैसे ही दिन ख़त्म होने को आता है, मेरी थकान बढ़ने लगती है। यह कुछ दूसरी ही तरह का कार्यक्रम है। मैं हिंदुस्तानी संस्थाओं को देखने या हिंदुस्तानी लोगों से मिलने नहीं जाता, ज़्यादातर अंग्रेज़ों से समूहों में या अलग-अलग मिलता हूँ। आम तौर पर मैं अंग्रेज़ घरों में खाना खाने जाता हूँ।

मैं अजीब वक़्त पर आया हूँ, जबकि गुज़रे बादशाह की मौत के कारण मुल्क असामान्य भावना से उमड़ रहा दीखता है। बहुत दिनों तक अख़बार काले हाशिए में एकदम बेवकूफ़ी की चीज़ों से भरे रहे हैं और कोई ख़बर तो छपी ही नहीं। मैंने तो उन्हें पढ़ा ही नहीं। जनाज़े की शोभा - शान-शौक़त की तरफ भी मैंने ध्यान नहीं दिया। अपने फ़्लैट में मैं अपनी मुलाक़ातें करता रहा, जबकि राजे-महाराजे और राजकुमार वग़ैरा भारी भीड़ से घिरे औपचारिक ढंग से मार्च करते रहे। कुल मिलाकर भीड़ बहुत ज़्यादा थी। उसे देखना मैं पसंद करता, क्योंकि भीड़ के जज़्बात में मेरी दिलचस्पी है।

जिस फ़्लैट में मैं रह रहा हूँ, वह उतना खुला और आनंददायक नहीं है, जितना माउंट रॉयलवाला था। यह पुराने ढंग का है और इसकी देखभाल रिटायर हुए कर्नल

---

[1] इंदिरा गांधी के कागज़ात, ने. स्मा. सं. पु.।

वग़ैरा करते हैं। मेरे पास दो कमरे और एक गुसलखाना है। अगर सोने का कमरा और बैठक अलग-अलग हों, तो उससे कुछ सुविधा रहती है। उससे सेवा - टहल भी ज़्यादा हो जाती है।

जिस दिन मैं यहाँ आया, उस दिन मुझे लेडी रहोण्डा[1] के यहाँ, जो कि कोयले की खदान के लखपति आदमी की लड़की है, रात को भोजन करने जाना पड़ा। बड़ी लड़ाई के दिनों में उन्होंने संगठन की बहुत योग्यता दिखाई थी और वह एक साप्ताहिक पत्र 'टाइम एंड टाइड' की मालिक और संपादिका हैं, समाज की ओर उनका झुकाव है।

[1] 'लेज़र्ड वीमेन', 'दिस वाज़ माई वर्ल्ड' और 'नोट्स ऑन द वे' की लेखिका; 1958 में मृत्यु हो गई।

# 17. इंदिरा नेहरू को[1]

**काहिरा**
**8 मार्च, 1936**

**प्यारी बेटी,**

यहाँ मैं फिर बहुत ही शान-शौक़त के होटल में ठहरा हूँ, भोग-विलास, जाज़, नाच-गान से भरा, विशाल सार्वजनिक कक्ष, लंबे-चौड़े गलियारे, बैरों और दुभाषियों और ख़िदमतगारों की भीड़ इधर-से-उधर दौड़ती हुई बढ़िया गुसलख़ानों का मैं फ़ायदा लेता हूँ, अपने थोड़े समय के निवास में दो-दो बार स्नान करता हूँ।

मार्सेलीज़ से जब मैं चला तो दूर पर मैं बर्फ से ढके आल्प्स को देख सकता था। शायद एक चोटी माँटब्लेंक थी। आज रोम से उड़ने पर हमें शहर का और सेंट पीटर्स का सुंदर दृश्य दिखाई दिया। बाद में पश्चिमी इटली में हमने अपेनाइन्स की बर्फ से ढकी चोटियाँ पार कीं। हम ऊँचाई पर उड़ रहे थे, कोई 4500 मीटर यानी 14000 फ़ीट से कुछ ज़्यादा। इसका मतलब यह होता है कि हम मांटब्लेंक की ऊँचाई से बहुत नीचे नहीं थे। हमारी खिड़कियों के शीशे कुहरे से ढक गए थे और बाहर देखना मुश्किल था। फिर ग्रीस में हमसे निचाई पर बर्फ से ढके पहाड़ थे। एथेंस में जहाँ हम उतरे, वह शहर से बहुत दूर जगह थी। फिर हम शहर से गुज़रे और एक्रोपोलिस का बढ़िया और असामान्य दृश्य देखा।

मेडीट्रेनियन कमाल के रंग का था - गहरा नीला, कभी-कभी किनारे के नज़दीक पन्ना - मायल हरे रंग में बदल जाता था। पानी की सतह पर कोई चीज़ तेज़ी से चल रही थी - वह हमारी परछाईं थी। छोटे-छोटे टापू लगातार आते और ग़ायब हो जाते थे, उनकी शक्लें बेढ़ब थीं। नीले समुद्र पर वे विलक्षण छोटे-छोटे टापू इधर-उधर फैले थे। समुद्र उनके भीतर जाकर उनका आलिंगन करने के लिए अपनी बाँहें फैला देता है। उनके ऊपर बादलों के छोटे-छोटे झुंड तैरते थे।

हम लोग बहुत ऊँचाई पर उड़ रहे थे, वहाँ आसानी से साँस लेने में कुछ कठिनाई होती थी, वायुमंडल का दबाव कम था। बहरहाल, मुझे थोड़ी बेचैनी महसूस हुई, किंतु ज़्यादा नहीं थी। हमारा जहाज़ बड़ा ख़ूबसूरत है। वह एल्यूमिनियम का बना बड़ा लंबा-चौड़ा है। उसकी नाक के ऊपर दो आँखें लगी हैं और दोनों तरफ दो बढ़िया डैने फैले हैं।

---

[1] इंदिरा गांधी के कागज़ात, ने. स्मा. सं. पु.।

इसका नाम है 'परकोटेट', जिसका डच में, मेरे ख़याल से, मतलब होता है लकड़ी का कबूतर, या ऐसा ही कुछ।

ऊँचाई ने अजीबोगरीब करतब दिखाया। एक साथी मुसाफ़िर ने अपना पैन निकाला। जैसे ही उसने उसके कैप की चूड़ियाँ खोली कि स्याही का झरना फूट पड़ा। वायुमंडल के दबाव के कम होने की वजह से स्याही इस तरह निकल पड़ी। बेचारे के कपड़े ख़राब हो गए।

हम कुल जमा पाँच मुसाफ़िर थे, जिनमें एक मैं भी था। दो एथेंस पर उतर गए। अब हम तीन हैं। एक स्त्री है, जो बटाविया जा रही है। वह डच है। दूसरा अंग्रेज़ है, वह कलकत्ता जा रहा है।

काहिरा हवाई अड्डे पर पहुँचने पर मैंने देखा कि फ़ोआद मेरे लिए इंतज़ार कर रहे थे। वह ठीक पहले जैसे थे और उन्होंने मुझे सीने से लगा लिया और प्यार किया। उनके सेवालों में एक सवाल तुम्हारे बारे में था। उन्हेंने कहा कि वह अगली गर्मी में सुस्से जा रहे हैं, और अगर गए तो तुमसे मिलेंगे। मैंने तुम्हारा पता उन्हें दे दिया है। उन्होंने मुझसे यह भी आग्रह किया कि हिंदुस्तान जाते हुए जब भी तुम इधर से गुज़रो, तो उनसे ज़रूर मिलना या कम-से-कम उन्हें ख़बर कर देना, जिससे वह आकर तुमसे मिल लें। तुम उनका ध्यान रखना आर उनका पता नोट कर लेना। पता यह है :

मि. फ़ोआद सलीम बे अल-हिजाजी, 33, शारिया दावावाइन, काहिरा।

उनकी बीबी बाहर हैं, और इसलिए मैं उनसे मिल नहीं पाया; लेकिन उनका लड़का बॉबी बाद में आया और हम लोग बहुत देर तक बातें करते रहे। बेशक यह बड़ा हो गया है और देखने में अच्छा लगता है। फ़ोआद वे ने मुझे बताया कि वह राजनीति में इतना डूबा है कि पढ़ाई का उसे ख़याल नहीं है। वह बाज़ीज़ ( नाज़ी की तरह) है। 'बाज़ीज़' बाज़ से बना है। मुझे यह देखकर ताज्जुब हुआ कि सियासी मामलों में वह और दूसरे लोग कितने चतुर - चालाक थे। उन्हें जानकारी तो थोड़ी ही मालूम देती थी, लेकिन वे जोश पर मुख्य रूप से जिंदा रह रहे थे। मेरे साथ हुई थोड़ी बातचीत में उसकी आँखें खुल गईं और उसने कहा कि उसकी बहुत-सी पुरानी मान्यताएँ गड़बड़ा गई हैं और उसने नए ढंग पर सोचना शुरू कर दिया है।

अच्छा रहेगा कि तुम फ़ोआद बे को चंद सतरें लिख भेजो और उनसे कहो कि जब वह सुस्से में आवें तो तुम्हें उनसे मिलकर ख़ुशी होगी। इससे उनको बहुत ही प्रसन्नता होगी।

कल से रेगिस्तान और फिर अगले दिन हिंदुस्तान...

प्यार!

**तुम्हारा**

**पापू**

# 18. इंदिरा नेहरू को[1]

**इलाहाबाद**
**1.4.1936**

**प्यारी बेटी,**

22 मार्च का तुम्हारा पत्र आज मिला। इम्तहान भी हमें परेशान और हैसन करनेवाली कैसी बला है! मुझे याद है एक मरतबा मैं पढ़ रहा था कि कई हज़ार बरस पहले सोरबोन के एक प्रोफ़ेसर ने इम्तहानों की तुलना जुलाब की तकलीफ़ के साथ की थी और वह इस फैसले पर पहुँचे थे कि इम्तहान बुरा जुलाब था। बड़ी गंदी चीज़ हैं, ये इम्तहान। फिर भी बहरहाल वे हमारा पीछा करते हैं और हम उनसे अपनी जान नहीं बचा पाते। लेकिन तुम बहुत ज़्यादा फ़िक्र मत करो। मुझे यक़ीन है कि तुम इम्तहान में अच्छी तरह पास होगी। अगर जून में तुम्हें ऐसा लगे कि लेटिन में तुम्हारी काफ़ी मज़बूती नहीं है और तुम्हारे अध्यापक तुम्हारे साथ एक राय हों तो फ़िलहाल तुम उसे छोड़ क्यों न दो और उसमें बाद में बैठ जाओ, लेकिन अभी तो तुम्हारे पास दो महीने और हैं, और यह काफ़ी लंबा वक़्त है।

मुझे उम्मीद है कि तुम इटली पहुँच चुकी हो और उस ख़ूबसूरत मुल्क की सुंदरता और जादू का अनुभव कर रही हो। मेरी कितनी इच्छा है कि मैं तुम्हारे साथ होता। इटली मैं जब-जब गया हूँ, थोड़े अरसे के लिए गया हूँ और मुझे हमेशा उसकी गहराई से जानकारी पाने की भूख रहती है। सिसली मैं कभी नहीं गया और उसके बारे में मुझे जो जानकारी है, वह मैसीना के जल - डमरू - मध्य से गुज़रते वक़्त जहाज़ पर से दूर की झाँकी से हासिल की हुई है।

तुम्हारे यहाँ वसंत है। यहाँ का थोड़े समय का वसंत खात्मे पर है, हालाँकि मौसम अब भी सुहावना है और पेड़ों ने अपने पत्ते गिरा दिए हैं। कभी-कभी पंखों की ज़रूरत पड़ जाती है, और सूरज गरम होता है।

क्या तुम्हें मेरे पास वक़्त न होने या तुमको न लिखने से परेशानी होती है? उसके लिए मेरे पास हमेशा वक़्त रहता है। तुम्हें लिखना मुझे अच्छा लगता है, उससे मुझे फ़िक्र और काम से चैन मिल जाता है। यह सच है कि मैं बहुत घिरा रहता हूँ और आगे और भी

---

[1] इंदिरा गांधी के कागज़ात, ने. स्मा. सं. पु.।

घिरावट हो जाना मुमकिन है। आज मैं बिलकुल हल्का और आजाद मससूस करता हूँ। मैंने कांग्रेस के लिए अपना सदर का भाषण लिखने को पाँच या छह दिन सुरक्षित रखे थे[1] तीन दिन तक मैंने दिनभर उसके लिए ख़ूब मेहनत की और पिछली रात को मैंने उसे पूरा कर दिया; जैसे ही मैंने उसे पूरा किया, मुझे ऐसा महसूस हुआ कि मेरे कंधों पर से बोझ उतर गया। अभी वह आख़िरी तौर पर तैयार नहीं हुआ है, क्योंकि मैं उसमें तब्दीली कर सकता हूँ, लेकिन कच्चा मसविदा बन गया है। मैं आमतौर पर अपने शुरू के मसविदे को बदलता नहीं हूँ। लेकिन दूसरे लोग उसमें कुछ हेर-फेर करने को मुझ पर दबाव डाल सकते हैं। अब वह टाइप हो रहा है और मैं उम्मीद करता हूँ कि उसकी एक नकल अलग से कल तुम्हें हवाई डाक से भेजूँगा।

मैंने तुम्हें मम्मी[2] को गुरुदेव की श्रद्धांजलि लिखी थी। अभी थोड़ी देर पहले मैंने उसे देखा और जी भर आया। मैं उसे नत्थी कर रहा हूँ। वास्तव में यह गजब की चीज़ है कि मम्मी के व्यक्तित्व ने किस तरह लाखों लोगों पर असर डाला है। हिंदुस्तान में मेरी जानकारी में ऐसा नहीं हुआ। बहुत- से अप्रत्याशित स्थानों से जो श्रद्धांजलियाँ आई हैं, वे औपचारिक नहीं हैं, प्यार, दुःख और प्रशंसा से भरी हैं। चरित्र, गरिमा, मूक संयम और अंदर की आग - इनसे लाखों लोगों के दिलों में जगह बन जाती है।

अंग्रेज़ी, हिंदी, उर्दू और दूसरी भाषाओं में बहुत-सी कविताएँ लिखी गई हैं। काव्य के रूप में वे अच्छी नहीं, अक्सर बेमतलब हैं, लेकिन मम्मी के लिए बहुत-से लोगों ने जो अनुभव किया, उस सार्वजनीन प्रेम का इनमें इज़हार है। मैं तुम्हारे देखने के लिए दो ऐसी ही कविताएँ भेज रहा हूँ।

मैं कुछ प्रस्तावों की भी नकल भेज रहा हूँ, जिन्हें वर्किंग कमेटी ने दिल्ली में पारित किया है।

हाथ की मेरी लोंगिंस घड़ी, जिस पर मुझे बड़ा फख था और जो नौ साल से बिना रुके मुझे काम दे रही थी, अचानक बंद हो गई। मुझे ताज्जुब हुआ। मेरे पास दूसरी घड़ी नहीं है और बिना घड़ी के मेरा काम नहीं चलता। इसलिए मैं स्थानीय घड़ी के दुकानदार के यहाँ गया और एक सस्ती वैस्टएंड की घड़ी ले आया। तीन दिन के बाद लोंगिंस ने अपना दिमाग़ बदल दिया और फिर से काम करने लगी, लेकिन अब उसके बारे में मुझे कुछ शंका है। यह कुछ अजीबोगरीब बात थी कि घड़ियों के घर से लौटने के बाद इलाहाबाद में मुझे एक घड़ी ख़रीदनी पड़े।

---

[1] देखें नेहरू वाङ्मय; खंड 7, पृ. 165-90

[2] कमला नेहरू को रवींद्रनाथ टैगोर की श्रद्धांजलि के लिए देखिए, नेहरू वाङ्खंड-7, पृष्ठ 161

तुम्हारा पत्र डोलम्मा को आज मिला। जब चिट्ठी उन्होंने पढ़वाकर सुनी, तो उन पर उसका बहुत गहरा असर पड़ा।

कल मेरा दिन ख़ासा हल्का है - ज़्यादातर ख़त निपटाने हैं। लेकिन रात से मेहमानों का ताँता लग जाएगा। पहले कमलादेवी चट्टोपाध्याय एकाध दिन के लिए आएँगी, फिर बापू अपने सँगी - साथियों के साथ, और फिर फ़ौरन ही वर्किंग कमेटी की भीड़। हम लोगों का वक़्त बहुत ही घिरा रहेगा और आनंद भवन बहुत ही भरा हुआ रहेगा।

क्या तुम चाहोगी कि मैं तुम्हें कुछ असामान्य विदेशी डाक टिकट भेजूँ? मेरे पास वे अक्सर आती रहती हैं। मातमी पत्रों पर जो टिकट आते हैं, उनमें से बहुत-से मैं दान कर देता हूँ।

प्यार!

**तुम्हारा प्यारा**

**पापू**

# 19. इंदिरा नेहरू को[1]

**नागपुर**
**27.4.1936**

**प्यारी इंदु,**

नागपुर में मेरे तीन दिन बहुत ही मशक्कत में बीते - विशाल सभाएँ और एक के बाद एक भाषण, और हिंदुस्तानी साहित्य परिषद।[2] मैंने हिंदी-साहित्य के विकास के बारे में भी अपनी टाँग अड़ाई, गो उस संबंध में मैं ज़्यादा नहीं जानता था। मुझे अपनी साहित्यिक लोकप्रियता के, जो कि मुझे मिल रही है, अनुरूप बनना चाहिए या वैसी कोशिश करनी चाहिए। यह मुश्किल काम होगा। मैं महसूस करता हूँ कि मुझे अपनी उर्दू को भी सुधारना चाहिए। वह और भी मुश्किल होगा। लेकिन कुछ इसी क़िस्म का काम करना चाहिए, अगर हमें अपने देश में विचारों के विकास के संपर्क में रहना है।

हम कार से जल्दी ही वर्धा जा रहे हैं। वहाँ पर मैं दो दिन रुकना चाहता हूँ और उसके बाद मैं फिर इलाहाबाद वापस चला जाऊँगा।

यहाँ बड़ी गर्मी है, इलाहाबाद से भी ज़्यादा।

प्यार के साथ,

**तुम्हारा प्यारा**
**पापू**

---

[1] इंदिरा गांधी के कागज़ात, ने. स्मा. सं. पु.।

[2] 25वाँ अखिल भारतीय हिंदी साहित्य सम्मेलन 24 से 26 अप्रैल, 1936 तक नागपुर में हुआ।

# 20. इंदिरा नेहरू को[1]

**प्यारी बेटी,**

मैं अभी-अभी बंबई - मेल से वर्धा आया हूँ। अब काफ़ी रात हो गई है, लेकिन हवाई डाक कल तड़के जाती है, इसलिए मैं तुम्हें लिखने बैठता हूँ।

मुझे तुम्हारी दो चिट्ठियाँ यहाँ मेरे लिए इंतज़ार करती मिलीं - एक पालम से और दूसरी ताओर्मीना से। मुझे ख़ुशी है कि तुम सिसली में मौज कर रही हो। वर्धा में मेरे सामने बहुत काम है। जिस्मानी ज़ोर तो उतना बुरा नहीं है, मैं उसका आदी हूँ, लेकिन वर्किंग कमेटी में लगातार रस्साकशी बहुत ही थकानेवाली प्रक्रिया है और उससे तकलीफ़ होती है। मुझे डर है कि इस अंदर की लड़ाई का हमें बराबर सामना करना पड़ेगा, क्योंकि अलग-अलग विचार अपना-अपना प्रभुत्व चाहते हैं। लोगों के लिए यह हमेशा मुश्किल होता है कि वे नए विचारों के लिए पुराने विचारों को छोड़ दें।

मैं तीसरे दर्जे में सफ़र कर रहा हूँ। इस मौसम में इससे कुछ परेशानी होती है, लेकिन यह जानकर कि काफ़ी पैसे की बचत हो जाती है, अच्छा लगता है। तीसरे दर्जे और ऊँचे दर्जों में खर्चे का फ़र्क़ बहुत ज़्यादा है।

आज रेल में मैंने अपनी पसंद की एक क़िताब पढ़ी। वह विन्सेंट शीन[2], पत्रकार, की आत्मकथा है। नाम है 'इन सर्च ऑफ़ हिस्ट्री' (इतिहास की खोज में)। उसमें एक नौजवान के मानसिक संघर्ष और विकास की बात दी गई है, और ऐसी क़िताबें, अगर उनमें सचाई हो और अच्छी तरह लिखी गई हों, तो वे हमेशा मुनासिब होती हैं। इस क़िताब में दोनों बात हैं मेरा ख़याल है कि तुम इसे पसंद करोगी। क्या मैं इसे तुमको भेज दूँ? यह एक क़िताब- जैसी है। मेरे ख़याल से यह अन्ना लुई स्ट्रांग की क़िताब[3] के ढंग की

---

[1] इंदिरा गांधी के कागज़ात, ने. स्मा. सं. पु.।

[2] (1899-1975) अमरीकी पत्रकार; 'पर्सनल हिस्ट्री', 'बिटवीन द थंडर एंड द सन', और 'नेहरू – द इयर्स ऑफ़ पावर' वग़ैरा कई पुस्तकों के लेखक।

[3] (1885-1970) अमरीकी महिला पत्रकार, जो अपने वामपंथी झुकाव के लिए मशहूर थीं, 'मास्को डेली न्यूज' 1930 का संगठन किया, खुफ़ियागीरी के आरोप में सोवियत संघ से 1949 में निकाल दी गई; 1955 में आरोप वापस ले लिया गया। उनकी पुस्तकें हैं : 'सोंग्स ऑफ़ द सिटी', 'चाइनीज़ मिलियंस' और 'आई चेंज द वर्ल्ड' वग़ैरा।

है जिसे नानू ने तुम्हें भेजा था। मैंने इस दूसरी क़िताब को खुद नहीं पढ़ा है, लेकिन मैं पढ़ना चाहूँगा। जब तुम उसे ख़त्म कर लो तो मुझे भेज दोगी!

प्यार!

**तुम्हारा प्यारा**

**पापू**

# 21. इंदिरा नेहरू को[1]

**इलाहाबाद**
**4.5. 1936**

**प्यारी बेटी,**

आज ताओर्मीना से मुझे तुम्हारा 21 अप्रैल का पत्र मिला। इस छोटी- सी जगह की तुमने जो तारीफ की है, वह उत्साह वर्धक है और तुम्हारे उत्साह का कुछ असर मुझ पर भी पड़ा है, और मैंने उसे तुम्हारी आँखों से देखने की कोशिश की। ऐसा करना अच्छा है, क्योंकि तुम्हारी आँखें जवान हैं और मेरी आँखें थकी-माँदी हैं। मुझे ख़ुशी है कि तुमने ग्रीक नाटक का पुराना ढंग, या यों कहो कि जिसे अब पुराना ढंग माना जाता है, अभिनय खुले नाटकघर में देखा। मुझे याद नहीं पड़ता कि मैंने ऐसा कभी देखा है। हालाँकि इंग्लैंड में कभी-कभी इस तरह के अभिनय होते रहते हैं; लेकिन इन ग्रीक नाटकों का जादू मैंने उन्हें पढ़ते समय भी अनुभव किया है। यह अजीबोगरीब बात है कि पुराने लोगों की, जो हमसे बहुत पहले हो चुके हैं और हमसे इतने भिन्न हैं, ये कहानियाँ अब भी हमें जकड़ लेती हैं और विचित्र ढंग से हमें प्रभावित करती हैं। क्या यह मात्र महान् कला की शक्ति है, जो काल और स्थान की दूरी को पार कर जाती है? या यह बात है कि मानवता अनिवार्य रूप से एक है, अगर्चे उसके बाहरी ताने-बाने बदलते रहते हैं?

अच्छा, तो तुमने अपनी छुट्टियाँ ख़त्म कर लीं और अपने नीरस बैक्स में वापस पहुँच गई हो। तुम्हें इटली और सिसली के अपने प्रवास याद होंगे। बीच के ऐसे कार्यक्रम सुखद होते हैं और उनकी याद बनी रहती है और ताज़गी देती है।

दो दिन लखनऊ रहने के बाद मैं आज सवेरे इलाहाबाद लौट आया। अब मैं दस दिन यहीं रहूँगा और फिर एक बोझीले हफ़्ते के लिए बंबई जाऊँगा।

मैंने लोगों के आने-जाने के बारे में काफ़ी ख़बरें दे दी हैं। भंडार ख़त्म हो गया क्योंकि मैं ख़बरें देने के मामले में मुस्तैद नहीं हूँ।

प्यार!

**तुम्हारा प्यारा**
**पापू**

---

[1] इंदिरा गांधी कागजात, ने. स्मा. सं. पु.।

# 22. इंदिरा नेहरू को[1]

**इलाहाबाद**
**7.5.1936**

**प्यारी इंदु,**

अपने सिसिली प्रवास लौटने के बाद से मुझे तुम्हारा पत्र मिला। तुमने फ्लोरेंस और ताओर्मीना की तारीफ़ के पुल बाँध दिए हैं। ताओर्मीना को मैं नहीं जानता। लेकिन फ़्लोरेंस अपने पूरे सुप्त सौंदर्य और पुरानी दुनिया के आकर्षण के साथ मेरी आँखों के आगे आ जाता है। जिस वक़्त मैं तुम्हें अपने ऐतिहासिक पत्र लिखता हूँ, प्रायः उस आकर्षण का शिकार हो जाता हूँ और मेरी शैली कम नीरस बन उठती है। क्या तुम्हें वह अनुच्छेद[2] याद है?...

मेरा सारा प्यार!

**तुम्हारा प्यारा**
**पापू**

---

[1] इंदिरा गांधी कागजात, ने. स्मा. सं. पु.। उद्धरण।

[2] देखें, विश्व - इतिहास की झलक (बंबई, 1967), पृ. 290।

# 23. इंदिरा नेहरू को[1]

**लाहौर**
**2.6.1936**

**प्यारी इंदु,**

अपने पंजाब के दौरे के छह दिन के बोझ को मैं बर्दाश्त नहीं कर सका। चार दिन में ही मेरी हुलिया बिगड़ गई, और आज पाँचवाँ दिन है। ज़्यादातर वक़्त मैं बिस्तर में गुज़ार रहा हूँ। पंजाब का लोकप्रिय स्वागत बड़ा विकट है। जहाँ तक मेरा ताल्लुक़ है, वह सचमुच भयंकर हैं। शहरों और गाँवों में विशाल भीड़ इकट्ठी हो गई है और उसने मुझे अभिभूत कर दिया है। कार्यक्रम अज़हद भारी है, उसमें मोटर पर लंबा सफ़र शामिल है। गर्मी बहुत ज़्यादा थी, लेकिन अंत में धूल मेरे लिए बहुत नुक़सानदेह साबित रही। मेरा सारा गला सूजा हुआ है, और मैं बहुत मुश्किल से बोल सकता हूँ।

लोगों का यह इतना सारा प्यार, हालाँकि काफ़ी थका देनेवाला है, फिर भी दिल को हिला देनेवाला है - जोश-ख़रोश में भरे अभिवादनों के जंगल में सबसे ज़्यादा आकर्षक और ख़ुशगवार अभिवादन एक है, जो उस नौजवान ने दिया था, जिसने जो कुछ कहा गया, सब पर आपत्ति की, लेकिन कहा :

'तुसी प्यारा है, चंगा है!"[2]

कल रात मैं इलाहाबाद वापस जा रहा हूँ।

प्यार!

**तुम्हारा प्यारा**
**पापू**

---

[1] इंदिरा गांधी कागज़ात, ने. स्मा. सं. पु.।

[2] " तुम प्यारे हो! ठीक हो!"

# 24. इंदिरा नेहरू को[1]

**वर्धा जाते हुए, ट्रेन में**
**29.6.1936**

**प्यारी इंदु,**

मेरे विचार आज दौड़कर ख़ासतौर पर तुम्हारे पास जा रहे हैं और मैं सोचता हूँ कि तुम पर इम्तहान का कितना बोझ होगा। वे आज शुरू होंगे और तुम सात घंटे उनमें जुटी रहोगी और फिर कल, फिर परसों! मुझे याद आता है मध्य युग में सोरबोन के एक प्रोफ़ेसर ने एक मरतबा जो कहा था, वह मैंने कहीं पढ़ा था। उसने इम्तहानों की तुलना जुलाब की तकलीफ़ से की थी और इस फैसले पर आया था कि इम्तहान कहीं ज़्यादा बुरे हैं। चूँकि मैं जुलाब के बारे में जानता ही नहीं, इसलिए कुछ नहीं कह सकता; लेकिन मुझे यक़ीन है कि इम्तहान नाग़वार है। उनके बारे में इतना कहा जा सकता है कि वे हमें थोड़ा आगे ज़रूर बढ़ाते हैं, और हमारे दिमाग़ों में कुछ सरगर्मी पैदा करते हैं और इस तरह दिमाग़ों को तेज़ और साफ़ बनाते हैं। लेकिन यह तनाव बहुत ज़्यादा है और कभी-कभी यह हमारे दिमाग़ों में सफ़ाई करने के बजाय धुँधलापन और गड़बड़ी मचा देता है, ख़ासतौर पर हिंदुस्तान में ऐसा ही होता है, जहाँ इम्तहानों में पास होने को बहुत ज़्यादा अहमियत दी जाती है और फेल होने को भयंकर बेइज़्ज़ती माना जाता है। यह सच है कि इम्तहान, जिस तरीक़े पर उन्हें चलाया जाता है, किसी कारगर चीज़ की जाँच की असली कसौटी नहीं हैं। अक्सर जो इम्तहानों में अच्छी तरह पास होते हैं, वे बाद में ज़िंदगी में नाकामयाब रहते हैं, और जो इम्तहान में फेल हो जाते हैं, वे जिंदगी में कामयाब होते हैं। इसलिए इम्तहानों के बारे में बहुत ज़्यादा गंभीर होना, या जोश से भर उठना, या मन को गिरा लेना अक़्लमंदी नहीं है। बेशक जिन चीज़ों में हम मेहनत करते हैं और दिमाग़ लगाते हैं, उनमें सफल होना चाहते हैं; लेकिन हमें अपना मानसिक संतुलन नहीं खोना चाहिए।

जो हो,यह पत्र जब तुम्हारे पास पहुँचेगा, तुम्हारे इम्तहान की मुसीबत दूर हो चुकी होगी, कम-से-कम थोड़े वक़्त के लिए, और मैं उम्मीद करता हूँ कि तुम खुशगवार हल्कापन महसूस कर रही होगी।

---

[1] इंदिरा गांधी कागज़ात, ने. स्मा. सं. पू.।

मैं वर्किंग कमेटी की बैठक के लिए वर्धा के रास्ते में हूँ। वहाँ मैं दो या तीन दिन रहूँगा और फिर एक काम से, ऑपरेशन के बाद पद्दजा को देखने के लिए भी, एक दिन को मैं बंबई जाऊँगा।

प्यार!

**पापू**

**वर्धा**

**30 जून, 1936**

कल इस पत्र को हवाई डाक से भेजने के लिए बहुत देर हो गई, और इसीलिए मैंने इसे रोक लिया। हस्बमामूल वक़्त बहुत ही थकान और परेशानी में गुज़रा, सारे दिन बहस-मुबाहिसे होते रहे। वर्किंग कमेटी के मेरे साथी मुझसे बहुत ही खीझे हुए हैं, क्योंकि उनका ख़याल है कि समाजवाद के बारे में मेरे बात करने से उनकी स्थिति बिगड़ जाती है। पैसेवाले डर जाते हैं और इसलिए वे इस नतीजे पर आए हैं कि हमें अलग हो जाना चाहिए।[1] हो सकता है कि इस वजह से मुझे कांग्रेस के सदर की वजह से इस्तीफ़ा देना पड़े। अभी मुझे यक़ीन नहीं है, बहरहाल मुझे शक है कि मैं इस तरीके पर ज्यादा समय तक निभा पाऊँगा। यह मायूसी पैदा करनेवाला काम है।

मैंने एक मरतबा तुम्हें वीरा ब्रिटेन[2] की क़िताब 'टेस्टामेंट ऑफ़ यूथ' के बारे में लिखा था। मैं अपना दिमाग़ राजनीति से हटाने के लिए यहाँ उसके कुछ हिस्से पढ़ रहा हूँ। लगता है यह क़िताब ऐसी है, जो तुम्हें पसंद आएगी, ख़ासतौर पर इसलिए कि इसमें समरविले के बारे में बहुत कुछ है। क्या मैं इसे तुमको भेज दूँ?

**तुम्हारा**

**पापू**

---

[1] देखें, नेहरू- वाङ्मय, खंड-7, पृष्ठ-292-95।

[2] (1893-1970) ब्रिटिश लेखिका, जिसकी सर्वोत्तम कृति है आत्म-कथा, टेस्टामेंट ऑफ़ यूथ।

# 25. इंदिरा गांधी को[1]

**मद्रास जाते हुए, ट्रेन में**
**5.10.1936**

**प्यारी इंदु,**

मुझे अचरज़ है कि तुम अब कहाँ हो? क्या कर रही हो? अपने इम्तहान के बाद क्या तुम कुछ आराम ले रही हो? दक्षिण को जाते हुए तेज़ी से ये विचार मेरे मन में आ रहे हैं। मैं जल्दी ही मद्रास पहुँच रहा हूँ और बाद में तीन दिन वहाँ बिताकर दक्षिण में और आगे मदुरा और उससे परे जाऊँगा, क़रीब क़रीब कन्याकुमारी तक, जहाँ की यात्रा मम्मी ने, तुमने और मैंने पाँच बरस पहले की थी।[2] इस सफ़र से मुझे ऐसा लगता है कि मैं तुमसे और दूर जा रहा हूँ। और यह है मेरी हालत, लेकिन वाक़ई फ़ासले का उतना महत्त्व नहीं है, बल्कि असल बात यह है कि तुम्हारी ख़बर मुझे नियमित रूप से नहीं मिलती, और उसमें देर हो जाती है। इलाहाबाद में मुझे तुम्हारे साथ नज़दीकीपन की भावना अनुभव होती है - चिट्ठियाँ कमोबेश लगातार आती रहती हैं और फिर तुम्हारी बहुत-सी ऐसी चीजें हैं, जो मुझे महसूस कराती हैं कि तुम दूर नहीं हो। लेकिन जब मैं वहाँ से सफ़र पर चला जाता हूँ, तो मुझे लगता है कि तुम्हारे साथ संपर्क टूट गया है और मैं आमतौर पर जितना अपने को अकेला पाता हूँ, उससे ज़्यादा तनहाई महसूस होती है। भीड़, विशाल दोस्ताना भीड़, प्यार से छलछलाती भीड़ के बीच में अकेला!

कल मैं वर्धा में था और बापू से मिला, और फिर गाड़ी पकड़ी और तब से ज़्यादातर स्टेशनों पर, रात और दिन दोनों वक़्त भीड़ ही भीड़ मिल रही है। यह एक थकानेवाली चीज़ है। मुझे मद्रास के सफ़र से थोड़ा डर लग रहा है, क्योंकि मुझे भय है कि वह मेरे लिए बहुत भारी हो सकता है। वजह यह है कि मैं इधर कभी नहीं आया। भीड़ मुझे देखने के लिए और भी ज़्यादा बेचैन है।

मेरी तरक्की की जा रही है। मैं इलाहाबाद से वर्धा तीसरे दर्जे के डिब्बे में आया था। वर्धा से दूसरे दर्जे में सफ़र करने के लिए मुझसे कहा गया, इसलिए मैं अब शान से बैठा हूँ और लिख रहा हूँ। लेकिन मुझे यह बताया गया है कि मद्रास के नज़दीक पहुँचकर हमें

---

[1] इंदिरा गांधी कागज़ात, ने. स्मा. सं. पु.।

[2] देखें, नेहरू - वाङ्मय, खंड 4, पृष्ठ 536-641

एक छोटी स्पेशल ट्रेन में बिठा दिया जाएगा और वह गाड़ी हमें मद्रास ले जाएगी। शान-शौक़त - ठाठ-बाट और फिर जुलूस और फिर अभिनय, भाषण, पार्टियाँ और हर जगह भाषण!

दौरे के दरमियान मुझे पांडिचेरी - फ्रांसीसी हिंदुस्तान - भी ले जाएँगे। मेरे मन में इसकी ख़्वाहिश थी। मैं हिंदुस्तान में किसी भी फ्रांसीसी जगह पर नहीं गया। मेरे लिए पांडिचेरी से फ्रांसीसी भाषा में तार पाना कुछ सामान्य बात नहीं थी।

क्या ही अच्छा होता, अगर नान मेरे साथ होतीं। उनके लिए यह एक नया तज़रबा होता।

प्यारी बेटी, तंदुरुस्त रहो! मन तभी तक ठीक-ठीक काम करता जबकि ज़िस्म ठीक होता है।

मुझे पता नहीं है कि मद्रास से हवाई डाक कब जाएगी। शायद वह अभी जा चुकी है। और फिर हवाई डाक अब कितनी अनियमित है! इंपीरियल एयरवेज़ में कई दुर्घटनाएँ हो गई हैं।

प्यार!

**तुम्हारा प्यारा**
**पापू**
**8.10.1936**

हवाई डाक से निकलने के लिए इस चिट्ठी में बहुत देर हो गई थी। इसलिए इसे मैंने रख लिया। इसके साथ अख़बारों से कुछ तस्वीरें मैंने नत्थी कर दी हैं।

प्यार!

**पापू**

# 26. इंदिरा नेहरू को[1]

**तमिलनाड में कहीं से ( मेरी भूगोल की जानकारी इतनी तेज़ नहीं है कि इन अजीबोगरीब नामों को याद रख सकूँ।)**
**15.10.1936**

**प्यारी इंदु**

कुछ दिनों से मैं तुम्हें लिखने की कोशिश कर रहा हूँ, लेकिन उसका कोई नतीजा नहीं निकला। सवेरे से आधी रात तक मुझे यहाँ से वहाँ दौड़ाया जा रहा है और चौबीस घंटे तक बारी-बारी से तक़रीरें और मोटर - सफ़र करने के बाद लिखना आसान नहीं होता। हर जगह जिस तरह लोग हमसे मिलने आए, वह चकित करनेवाला था। कल मैं कन्याकुमारी के नज़दीक पहुँच गया। वहाँ जाने की मेरी बड़ी इच्छा थी। वह जगह मुझे पसंद है, ख़ासतौर पर यह भावना कि मैं हिंदुस्तान के एकदम छोर पर हूँ। लेकिन वह 60 मील दूर था और इसका मतलब था ऊबड़-खाबड़ सड़क पर 120 मील आना-जाना; यह मेरे बेहद भारी कार्यक्रम में शायद ही बैठ सकता था।

आज मैं मदुरा में था और मैंने वहाँ के प्रसिद्ध मंदिर में जाने का संकल्प किया। यह निजी भ्रमण था। किसी को भी इसकी ख़बर नहीं दी गई थी। लेकिन देखो तो, मंदिर के चारों ओर भारी भीड़ थी और उसके लंबे-चौड़े गलियारों में वह भीड़ मेरे पीछे लगी रही। हलचल से भरे लोगों की इतनी बड़ी भीड़ के साथ किसी जगह को देखने का यह एक विचित्र तरीक़ा था। नतीजा यह कि मंदिर के बारे में मेरे विचार साफ़ नहीं हैं, लेकिन उसका विशाल आकार शानदार था और कभी - कभी वह मन पर छा जाता था। गलियारे उसके बहुत बड़े हैं और मूर्तियों का संग्रह भी विशाल है। कुछ मूर्त्तियाँ तो बहुत ही बढ़िया हैं। मुझे पार्वती की अवतार मीनाक्षी के देवस्थान के परम पावन गर्भ-गृह में ले जाया गया। यह एक बहुत बड़ा सम्मान था। मेरे मन पर हिंदू मान्यता की इस विचित्र बात की गहरी छाप पड़ी कि जो भी उसके दायरे में पैदा होता है, उसे वह छोड़ती नहीं। मुझ पर अधार्मिक होने का इल्जाम लगाया जाता है और फिर भी मेरे साथ ऐसा सलूक होता है, जैसे मैं उसका पक्का अनुयाई होऊँ। देवी की ओर से एक विशेष उपहार के रूप में रेशम

---

[1] यह पत्र मद्रास से तिरुचिरापल्ली जाते हुए लिखा गया। इंदिरा गांधी कागजात, ने.स्मा.सं.पु.।

का एक स्कार्फ़ मुझे भेंट में दिया गया। इस विशाल मंदिर में जिसमें अनगिनत गलियारे और मंडप थे, धीमी-धीमी रोशनी फैली थी, मैंने इन धर्म-स्थानों के मनोवैज्ञानिक प्रभाव को अनुभव किया। किस तरह वे लोगों की भीड़ पर अपना असर डालते हैं, या कहें कि उन्हें आतंकित कर देते हैं और पुजारियों की सत्ता को बढ़ावा देते हैं। उस मंदिर ने मुझे उन दिनों की याद दिला दी, जबकि मिस्र और मेसोपोटामिया के बड़े-बड़े मंदिरों, और कुछ हद तक बड़े गिरजाघरों के पुजारी फ़तह हासिल कर ले रहे थे और लोगों के दिमाग़ों पर राज करते थे। इस जड़ बना देनेवाले असर को ज़्यादा लोग नहीं रोक सकते थे।

यहाँ मैंने जितने गुलाब देखे, उतने अपनी जिंदगी में कभी नहीं देखे। हर जगह गुलाबों की भारी-भारी, मोटी-मोटी, बड़ी-बड़ी मालाएँ थीं, जिनमें से हर-एक में एक से दो हज़ार तक गुलाब के फूल थे। दिनभर में मुझे ऐसी कोई 200 मालाएँ मिलती थीं। ये गुलाब ख़ास अच्छे गुलाब नहीं हैं, लेकिन जो हो, उनकी तादाद हैरत में डालनेवाली थी। उन्हें बर्बाद करना बड़ा अजीब मालूम होता है, और इतनी तादाद में मैं उनका क्या करूँ? मोटर उनसे भर जाती है और फिर मैं सड़क पर मिलनेवाली लड़कियों, औरतों और बच्चों को उन्हें बाँट देता हूँ।

कभी-कभी हमारी सभाओं के लिए बड़ी कलापूर्ण सजावटें की जाती हैं। फूलों, गुलाबों और गुलदाऊदी के तोरण बनाए जाते हैं और सभा की जगह को बाँस के टट्टर बनाकर हरी पत्तियों से ढक दिया जाता है।

लेकिन मुझे हाथ रोकना चाहिए - मुझे 22 तारीख़ को इलाहाबाद पहुँचना है।

सदियों से मुझे तुम्हारा समाचार नहीं मिला है। इसमें शक नहीं कि तुमने चिट्ठी लिखी होगी और वह चिट्ठी मेरे पीछे-पीछे घूम रही होगी।

प्यार!

**तुम्हारा प्यारा**

**पापू**

# 27. इंदिरा नेहरू को[1]

**इलाहाबाद**
**1.11.1936**

**प्यारी इंदु,**

मुझे तुम्हारा 21 अक्टूबर का पत्र मिला। मुझे अफ़सोस है कि तुम अकेलापन महसूस कर रही हो। बेशक यह भावना हम सबमें पैदा होती है, और थोड़े वक़्त के लिए भयंकर होती है। मैं अक्सर ज़बर्दस्त तनहाई महसूस करता हूँ, और उससे बचने के लिए ज़ोरदार प्रवृत्ति और काम में लग जाता हूँ। बचाव का यह मामूली तरीक़ा है और फिर भी वह अपना मकसद पूरा कर देता है। जहाँ तक मेरा ताल्लुक़ है, मेरा ऐसा महसूस करना स्वाभाविक है, क्योंकि, हालाँकि मैं शारीरिक रूप से सक्रिय और तंदुरुस्त हूँ, फिर भी मैं बहुत बूढ़ा हूँ, ज़िस्म से उतना नहीं जितना कि दिमाग़ और भावना से। तनहाई की भावना मुझमें हमेशा रही है, लेकिन हाल ही में वह मेरे अंदर बढ़ गई है। लेकिन तुम्हारे लिए इस तरह अनुभव करना एकदम ग़लत है। तुम्हारे और तुम्हारी पीढ़ी के लिए आगे आनेवाले दिनों में काफ़ी उत्तेजन होंगे। तुम्हारे ऊपर जो हवाई जहाज़ उमड़ते हैं वे, आगे जो आनेवाला है, उसकी याद दिलाते हैं। संभावनाएँ ख़ुशग़वार नहीं हैं, लेकिन वे नीरस नहीं हैं। यह स्पेनिश मसला कितना भयंकर है। यह मुझे दुःखी कर देता है।

बड़े दिन की छुट्टियों में कुछ समय लंदन में बिताने की तुम्हारी इच्छा को मैं पसंद करता हूँ। वहाँ तुम्हारे दोस्त हैं और खुश करनेवाले कार्यक्रम हैं। फिर भी मिस बेकर[2] शायद यह ठीक ही सोचती हैं कि लंदन तुम्हें थका देगा। मेरा ख़याल है कि ज़्यादा लंबे अर्से तक वहाँ ठहरने से तुम्हें बाद में सेहत बनाने की ज़रूरत होगी, जैसा कि तुम्हें पिछली मरतबा करना पड़ा था। और विचित्र बात यह है लंदन में उत्तेजना - भरे कुछ दिन बाद में तनहाई की वही भावना पैदा कर देते हैं, जिसकी तुम शिकायत करती हो।

कॉर्नवाल बुरी जगह नहीं है। मुझे तो वहाँ जाकर रहने का विचार पसंद आता है। लेकिन आख़िर जा तो तुम रही हो, मैं नहीं। बहरहाल, मुद्दा यह है कि तुम जहाँ जाना चाहती हो, जाओ और ख़ुशी के साथ जाओ! मैं सोचता कि स्विट्ज़रलैंड अच्छा होगा

---

[1] इंदिरा गांधी कागज़ात, ने. स्मा. सं. पु.।

[2] प्रिंसिपल, बैडमिंटन स्कूल, लंदन।

और तुम जाड़े के दिनों के खेल खेल सकती हो, जिससे तुम्हारे मन में स्फूर्ति पैदा होगी। मेरा विचार है कि अगर तुम स्विस न जाओगी, तो तुम ज़्यादातार वक़्त बैक्स में या और कहीं घूमने आदि में रहोगी। कुछ वक़्त तुम ल्यू[1] के साथ रह सकती हो। लेकिन तुम जहाँ कहीं भी रहो, बहुत ज़्यादा उत्तेजना और अनियमित समय को बचाना।

मैंने मिस बेकर को लिख दिया है। कॉर्नवाल के विकल्प के रूप में मैंने स्विट्ज़रलैंड सुझाया है। मैं कह चुका हूँ कि जाती तौर पर मुझे कॉर्नवाल जाने का विचार पसंद है, लेकिन स्विट्ज़रलैंड और जाड़े के उसके खेल मुझे ज़्यादा अच्छे लगते हैं। आख़िरी तौर पर मैंने उन्हें सुझाया है कि इस मामले में तुम क्या महसूस करती हो। अगर वह पूछे तो तुम दिल खोलकर बता देना कि तुम्हें इस बारे में कैसा लगता है।

आज बेट्टी की सालगिरह है। वह और राजा दिल्ली में हैं और आज यहाँ वापस आ रहे हैं। जल्दी ही वे बंबई लौट जाएँगे।

सालगिरहों की बात लिखते वक़्त याद आया कि तुम्हारी सालगिरह यहाँ जल्दी ही होगी। कैलासनाथ काटजू के हाथ मैंने तुम्हारे लिए एक माला और कुछ अजीब थैले भेजे हैं। इस सालगिरह के लिए तुम कुछ ले लेना, वह जो तुम्हें ख़ासतौर से पसंद हो। मैं उन बहुत-सी फ़ायदेमंद चीज़ों की ओर इशारा नहीं कर रहा, जिनका हम इस्तेमाल करते हैं; लेकिन मेरा इशारा उन चीज़ों की ओर है, जिनके बिना हमारा काम चल जाता है। इसलिए फ़िलहाल तुम उपयोगितावाद की बात भूल जाओ। मैं 5 पौंड का चैक इसलिए नत्थी कर रहा हूँ। मुझे डर है कि ब्रिस्टल में तुम्हें कुछ भी ख़रीदने का मौक़ा नहीं मिलेगा।

मैं कल कलकत्ता जाऊँगा, और वहाँ से उड़ीसा, आंध्र और फिर सी. पी. जाऊँगा। 18 ता. को इलाहाबाद लौटूंगा।

प्यार!

**तुम्हारा प्यारा**
**पापू**

---

[1] मिसेज लुई गीसलर ने हिटलर के पहले वक़्त में जर्मनी में हिंदुस्तानी विद्यार्थियों की मदद की थी।

# 28. इंदिरा नेहरू को[1]

**कलकत्ता जाते हुए, रेल में**
**5.11.1936**

**प्यारी इंदु,**

कल मैं शांतिनिकेतन में था, और वहाँ शांति और ख़ामोशी थी। वह छुट्टियों का समय था, पूजा की छुट्टियाँ ख़त्म नहीं हुई थीं, लेकिन फिर भी शांतिनिकेतन और श्रीनिकेतन में रहनेवाले लोग काफ़ी थे। मैं श्रीनिकेतन में ठहरा, क्योंकि गुरुदेव वहीं थे और उनके साथ बहुत-सी चीज़ों के बारे में लंबी-लंबी बातचीत हुई। उनके प्रति मेरा प्रेम बढ़ा है। यूरोप से मेरे लौटने के फ़ौरन बाद जब मैं मार्च में आख़िरी बार दिल्ली में उनसे मिला था, तब से वह मुझे कुछ ज़्यादा बेहतर मालूम हुए। वह कुछ ज़्यादा जागरूक थे। बढ़ापा उन पर आ रहा है, फिर भी वह परदेश जाने और अगली गर्मियों में चीन जाने की सोचते हैं! लेकिन मुझे शक है कि वह जा सकेंगे। खुशकिस्मती से उन्हें कुछ बड़े दान मिल गए हैं, जिनसे शांतिनिकेतन के लिए उनकी आर्थिक चिंता दूर हो गई है।

हम लोगों ने तुम्हारी बाबत बात की और उन्होंने मुझसे कहा कि तुमने शांतिनिकेतन में दूसरों पर बड़ा अच्छा प्रभाव डाला है। और मैं अचरज़ से सोचने लगा कि वे कौन-से प्रभाव हैं, जिन्होंने तुम्हारा निर्माण किया या- वे कितने अच्छे या दूसरी तरह के थे - और अपने मौजूदा वायुमंडल के प्रति तुम्हारी प्रतिक्रिया कैसी थी। प्यारी बेटी, अब से आठ महीने पहले तुम्हें देखा था और मैं सोचता हूँ कि तुम किस तरह से बढ़ रही होगी और बदल रही होगी। शायद आगे के छह महीने के दौरान हम फिर मिलें।

कृष्ण कृपलानी वहाँ थे, उनकी स्त्री नंदिता, अनिल चंदा और एक-दो और थे, जिन्हें मैं जानता था, और बहुत से ऐसे भी थे, जिनसे मेरा परिचय नहीं था।

और अब मैं कलकत्ता को रवाना हो रहा हूँ।

प्यार!

**तुम्हारा प्यारा**
**पापू**

---

[1] इंदिरा गांधी कागज़ात, ने. स्मा. सं. पु.।

# 29. इंदिरा नेहरू को[1]

**दुगड्डा - गढ़वाल**
**25 नवंबर, 1936**

**प्यारी इंदु,**

मैं फिर पहाड़ों में बैठा हूँ या कह सकती हो कि पहाड़ों के बाहरी किनारे। आज सवेरे मैं कोटद्वार पहुँचा था, जो कि, जैसा कि उसके नाम का मतलब है, द्वार है गढ़वाल का। हमारे सूबे का यह पहाड़ी जिला बड़े विचित्र तरीके से बाहरी दुनिया से कटा हुआ है। लैंसडौन को छोड़कर, जो कि फ़ौज का केंद्र है, वहाँ मुश्किल से कोई सड़क है और इसलिए बाहर के लोग कभी-कभार आते हैं। मैं पहले कभी यहाँ सही ढंग से नहीं आया, हालाँकि उसकी सरहद का मैं चक्कर लगा गया हूँ। यह 200 मील लंबा बहुत बड़ा जिला है, जो कि हिमालय की पहाड़ियों से लेकर बड़े-बड़े पहाड़ों तक फैला है।

दुगड्डे का मतलब है दो नदियाँ। नदी के लिए कितना भद्दा शब्द है, गड्डा! उसकी तुलना मधुर कलकल निनाद करके बहती नदी, झरना और दरिया से करो! बेचारे, ग़रीबी के मारे इलाक़े, बढ़िया इनसानी सामग्री से भरे, जैसा कि हम अक्सर पहाड़ों में देखते हैं। लेकिन गढ़वाल गढ़वाली दस्ते के कारण मशहूर हो गया है, जिसने सन् 1930 के सिविल नाफरमानी- आंदोलन के दौरान पेशावर में गोली चलाने से इनकार कर दिया था। अब भी दो हिंदुस्तानी अफ़सर - चंद्रसिंह[2] और नारायण सिंह[3] - उस अपराध के कारण जेल में हैं।

दोपहर के वक़्त भी यहाँ सर्दी है। रात को बहुत ही ज़्यादा होगी। मैं यहाँ कुछ ही घंटों के लिए हूँ और आज शाम को लौट जाऊँगा। मैं कुछ भीतरी हिस्सों में भी जाना चाहूँगा, लेकिन शायद जा नहीं पाऊँगा। एक बड़ी मायूसी की बात हुई है। क्या मैंने कभी तुम्हें लिखा था कि मैं ऊँचे हिमालय पर बसे प्रसिद्ध तीर्थ बदरीनाथ जाने का इरादा करता था। मैं इसके लिए बहुत उत्सुक था। बेशक मैं पहाड़ों पर पंद्रह दिन के सफ़र पर नहीं जा

---

[1] इंदिरा गांधी कागजात, ने. स्मा. सं. पु.।

[2] (1891 में जन्म); 1914 में भारतीय सेना में शामिल 1930 में नौकरी से बर्खास्त होने के बाद 1941 तक जेल में रहे।

[3] 1914 में भारतीय सेना में शामिल हुई, 1937 में जेल से छूटे।

सकता था। लेकिन कुछ दिन हुए, हरद्वार से हवाई सेवा चालू हो गई है और दो-तिहाई रास्ते तक जाती हैं। मैं बदरीनाथ नहीं जा सकता, क्योंकि वहाँ हवाई जहाज़ के उतरने की कठिनाई है। लेकिन मैंने बिना वहाँ उतरे बदरीनाथ के ऊपर उड़ने और दूर-दूर तक फैली बर्फ़ के विस्तार को अच्छी तरह देखने की उम्मीद की थी। वह उम्मीद पूरी नहीं हुई, क्योंकि मैंने देखा कि जाड़े के मौसम के आने के कारण हवाई सेवा बंद हो गई। जिस आनंद की मैं इतनी ज़्यादा आशा लगा रहा था, उससे वंचित रह गया।

मैं प्रांतीय कॉन्फ्रेंस[1] के लिए तीन दिन बरेली में था। एम. एन. राय वहाँ आए थे। वह पाँच साल की जेल से अभी छूटे थे। सेहत उनकी बिगड़ गई थी। उनका ख़ूबसूरत सीधा बदन झुक गया था और बुढ़ापे के निशान उन पर दिखाई दे रहे थे। मैंने उन्हें डॉक्टरों से सलाह करने के लिए लखनऊ भेजा है। फिर वह दिसंबर के शुरू में कुछ दिन हमारे साथ बिताने के लिए इलाहाबाद आवेंगे। अगाथा हैरिसन और चार्ली एंड्रयूज़ भी आ रहे हैं। इस तरह आनंद-भवन में एक मिली-जुली जमात इकट्ठी हो जाएगी।

सभा के लिए गढ़वाली इकट्ठे हो रहे हैं। बहुत से तो पहाड़ों में 50 मील पैदल चल कर आए हैं। सीधे-सादे लोग - मैं उन्हें पसंद करता हूँ। लेकिन मैं इसलिए भी पहाड़ी लोगों को चाहता हूँ, क्योंकि हमारी नसों में भी कुछ पहाड़ी खून है। अब मैं सभा में जा रहा हूँ और मैं एक बड़ी चट्टान के नीचे खड़े होकर - भव्य पृष्ठभूमि में - भाषण दूँगा।

प्यार!

**तुम्हारा प्यारा**

**पापू**

[1] संयुक्त प्रांतीय कॉन्फ्रेंस 22 और 23 नवंबर, 1936 को हुई थी।

# 30. इंदिरा नेहरू को[1]

**इलाहाबाद**
**8 दिसंबर, 1936**

**प्यारी इंदु,**

मैं तुम्हें कुछ फ़ुरसत और तफ़सील से लिखना चाहता था - ख़तरनाक़ विचार था यह, क्योंकि उसका नतीजा होता उस फुरसत के लिए मेरा इंतज़ार करना। चार दिन हुए, मैं भाग-दौड़ में रहा और लिख नहीं पाया। आज बस इतना हो रहा है कि बंबई को जानेवाली मेल पकड़ने से पहले बड़े सवेरे मैं ये सतरें घसीट डालूँ। ऐसे हालात में लिखने के लिए मन बनाना मुश्किल है, और फिर मेरा दिमाग़ अजीब-अजीब विचारों और कल्पनाओं से भरा है, जो चाहती हैं कि उन्हें स्याही का जामा पहना दिया जाए और वे बहादुरी से लिखे पन्ने पर उतर आवें। उनका कोई बड़ा महत्त्व नहीं है और मेरा अनुमान है कि वे ग़ायब हो जाएँगी और कुछ वक़्त के लिए भुला दी जाएँगी। मेरे दिमाग़ के किसी विचित्र कोने से वक़्त - बेवक़्त वे फिर उभरेंगी।

जब यह चिट्ठी तुम्हें मिलेगी, तुम लंदन या शायद स्विट्ज़रलैंड में होगी। मौज करो और अपनी छुट्टियाँ आनंद से बिताओ और शरीर और मन से ताज़ा होकर लौट आओ। मेरे लिए बड़े दिन का हफ़्ता सबसे ज़्यादा भारी होगा, क्योंकि अब यह बिलकुल तय है कि मैं कांग्रेस का फिर सदर बनूँगा और वह वज़न बहुत ज़्यादा है और मैं पहले से ही पस्त और निस्तेज़ हो रहा हूँ और पहले की निस्बत मेरी काम करने की ताक़त घट गई दिखाई देती है। एक हफ़्ते की तब्दीली से भी मेरी यह हालत सुधर जाएगी, लेकिन फ़रवरी के आख़ीर से पहले मुझे यह हफ़्ता नहीं मिलेगा।

अगाथा यहाँ थीं—उन्होंने हमारे साथ सिर्फ़ डेढ़ दिन गुज़ारा, लेकिन तुम्हारे बारे में कुछ प्रत्यक्ष जानकारी और राय पा लेना अच्छा था। वह वर्धा वापस चली गई हैं।

मैं श्रीनिकेतन में ली गई एक तस्वीर भेज रहा हूँ। नंदिता मेरे पास खड़ी थी।

अब रेल मुझे पुकार रही है, मुझे जाना ही चाहिए।

प्यार!

**तुम्हारा प्यारा**
**पापू**

---

[1] इंदिरा गांधी कागजात, ने. स्मा. सं. पु.।

# 31. इंदिरा नेहरू को[1]

**इलाहाबाद**
**14 दिसंबर, 1936**

**प्यारी इंदु,**

तुम्हारा स्कूल बड़े दिन की छुट्टियों के लिए बंद हो रहा होगा। कठोर काम के बाद छुट्टी ख़ुशग़वार होती है और मुझे उम्मीद है कि तुम छुट्टी का पूरा आनंद लोगी। तुम्हें आनंद मिलेगा तो उसके द्वारा मुझे भी आनंद मिलेगा। मौजूदा वक़्त मेरे लिए बहुत भारी है। कांग्रेस का अधिवेशन होने जा रहा है और मैं फिर उसका अध्यक्ष हो रहा हूँ। मेरा अगला काम है अध्यक्षीय भाषण तैयार करना - यह मुश्किल काम है, क्योंकि मेरा दिमाग़ थका है और मुझे कुछ याद नहीं रहा है। हिमालय के दस दिन मुझे तरोताजा कर देते, लेकिन मैं इतना समय शायद नहीं निकाल पाता। एक हफ़्ते के भीतर हमें फ़ैजपुर जाना है और अब तक मैंने भाषण के बारे में कुछ भी नहीं सोचा है। और भी बहुत-से काम करने को हैं, कुछ ज़रूरी मसले हैं, जो दरगुज़र नहीं किए जा सकते। कल के बाद मेरा ख़याल है कि मैं अपने को बंद कर लूँगा।

अच्छा, तो तुम बदल गई हो! बेशक अपनी उम्र के लिहाज से तुम्हें बदलना ही चाहिए। अपनी इस उम्र में मैं अपने को बढ़ता और बदलता पाता हूँ। अजनबी लोगों को भले ही ये तब्दीलियाँ नज़र न आवें, क्योंकि वे तो महज़ सतह ही देखते हैं - लेकिन जब दो इनसानों के बीच भावना का संबंध होता है, तो छोटे-से-छोटा मन का भाव भी दिखाई दे जाता है। एक इशारा, एक शब्द, देखने या बोलने का एक ढंग उस तब्दीली को ज़ाहिर कर देता है। इसलिए मत मानो कि तुम, या कहें कि तुम्हारी तब्दीली, मेरी आँखों से छिपी रह सकती है। सिर्फ़ सुस्त और अपने में सिमटे लोग ही जड़ बने रहते हैं और हम लोग तो न सुस्त हैं, न बहुत तंगदिल हैं। क्यों, हैं क्या?

एडवर्ड थामसन ने, जिनका लेख तुमने मुझे भेजा है, हमारी खाशी प्रशंसा की है। "आप नेहरू लोग," वह मुझे लिखते हैं, "कई प्रकार से बहुत ही भाग्यशाली हैं और सबसे ज़्यादा भाग्यशाली इस बात में हैं कि आपकी महिलाएँ बड़ी सुंदर और शानदार हैं। "शायद उनके दिमाग़ में मम्मी रही होगी, जिनके बारे में उन्होंने मेरी क़िताब में पढ़ा था

---

[1] इंदिरा गांधी कागजात, ने. स्मा. सं. पु.।

और हाल ही में वह नान से मिल चुके हैं। आगे वह कहते हैं, "इंदिरा के नाम आपके पत्र कुल मिलाकर बड़े मोहक़ हैं," अगर वह मेरी स्त्री को और मुझे अपना दोस्त मान सकें तो हम लोग गौरव अनुभव करेंगे और इंदिरा पाएँगी कि हम दोस्त हैं। "

वे ऑक्सफ़ोर्ड में रहते हैं, इसलिए जब तुम वहाँ जाओ तो वहाँ उनसे मिल सकती हो, अंग्रेज़ एक जाति के रूप में कैसे हैं, इस बारे में तुम्हें राय बनाने में वे मदद देंगे। उन्होंने बड़ा बेवकूफ़ी का लेख (जो तुमने मुझे भेजा है) लिखा है और फिर भी वह अपने ढंग से सही काम करने के लिए पूरी तरह मुक्त, ईमानदार और उत्सुक हैं।

अंग्रेज़ों के बारे में तुम्हारी प्रतिक्रिया पढ़कर मुझे हँसी आई। इतना मैं ज़रूर कहूँगा कि उनके बहुत-से गुण मुझे पसंद हैं - सबसे ज़्यादा पसंद है उनका संयम; उसकी मेरे मन पर छाप है। यह कुलीन वर्ग का गुण है। लेकिन जब कुलीन आदमी को अपने विशेष अधिकारों से वंचित हो जाने का डर पैदा हो जाता है तो वह फ़ौरन सीढ़ी पर नीचे उतर आता है। और इसीलिए अंग्रेज़ लोग अब अपने विशेष स्थान को खो देने से डरकर अपने गुणों से वंचित हो रहे हैं। फिर भी कुछ लोग अपनी जगह पर हैं। दुःख की बात है कि हम लोग हमेशा उनके ग़लत पक्ष के संपर्क में आते हैं। यह अनिवार्य है, क्योंकि हमारे संबंध ही एकदम ग़लत हैं।

मेरा अनुमान है कि राजाओं के परिवर्तन और उसके साथ-साथ होनेवाली दूसरी सब चीज़ों ने इंग्लैंड में लोगों को बहुत उत्तेजित कर दिया है। फिर भी मैं इतना अवश्य कहूँगा कि हर आदमी का व्यवहार बहुत शालीन है। इस नाटक में मानवीय तत्त्व शक्तिशाली थे और जब राजा लोग सीधे-सादे इनसानों की तरह व्यवहार करते हैं, तो कहानी लोगों को जकड़ लेती है। कुल मिलाकर एडवर्ड खरे निकले; एक बहुत बड़े आदमी के रूप में नहीं, बल्कि किसी क़दर इस रूप में कि उन्होंने किसी के इशारे पर चलने से इनकार कर दिया और उनके ऊपर भारी दबाव पड़ने के बावजूद वह खुद फ़ैसला कर सके। मैंने वायरलैस पर उनका बिदाई का भाषण सुना था।

प्यार!

**तुम्हारा प्यारा**
**पापू**

# 32. इंदिरा नेहरू को[1]

**इलाहाबाद**
**30.7.39**

**प्यारी इंदु,**

पिछली रात मैं सीलोन से लौटा, लेकिन सिर्फ़ डेढ़ दिनों के लिए। कल मैं जमशेदपुर जाऊँगा, जहाँ से लोहा और इस्पात आता है और फिर लखनऊ और तब वर्धा। चूँकि यह दुनिया ज़्यादा से ज़्यादा उद्देश्यहीन और व्यर्थ जान पड़ती है, हमारी कार्रवाइयाँ अधिक श्रमसाध्य होती जाती हैं। मैं समय बचाने के लिए विशेष वायुयान से जमशेदपुर जा रहा हूँ और वहाँ से लखनऊ के लिए उड़ान भरूँगा। और इस तरह हम एक भ्रम पैदा कर रहे हैं कि हम अपने-आपको उपयोगी बना रहे हैं।

तुम्हारा पत्र और पोस्टकार्ड पाना तथा उससे ज़्यादा यह जानना बड़ा सुखद था कि स्विसे में रहने से तुम्हें फ़ायदा हुआ है। तुमने जो तस्वीरें भेजी हैं, वे बहुत अच्छी हैं और उनमें तुम निश्चय ही अधिक पूर्ण और अधिक स्वस्थ दीखती हो। तुम स्विसे में कुछ और समय तक क्यों नहीं ठहरती हो? अगर तुम्हें इससे फ़ायदा होता है तो ताक़त और स्वास्थ्य का भंडार भर लो। इंग्लैंड में जब तुम्हें नवंबर के कोहरे का सामना करना पड़ेगा तब वे तुम्हारे काम आएँगे। अभी पंद्रह दिन या एक महीना ज़्यादा आराम कर लेने का काफ़ी फ़ायदा हो सकता है। बहरहाल, थोड़े-से पैसे बचाने के लिए वापस चले जाना नादानी होगी।

मैं नहीं जानता कि तुम्हारे पास कितनी रक़म है। बच्छराज के साथ क्या इंतज़ाम हुआ था, इसे मैं भूल गया हूँ, लेकिन जो भी हो, वह थोड़े वक़्त का इंतज़ाम था। बेहतर हो कि तुम उन्हीं से व्यवहार रखो और अपनी ज़रूरत सीधे उन्हें लिख भेजो। फ़िलहाल मैं 22 पौंड का एक चेक भेज रहा हूँ।

सीलोन की यात्रा थका देनेवाली थी, लेकिन फिर भी आनंददायक थी। वहाँ के तमाम बड़े लोगों ने हम लोगों को मेला बना दिया था। यह आनंददायक नहीं था। सीलोन की ऊँची सोसायटी निहायत फीकी है। वह कस्बाई मनोभाव की धुँधली छाया है, लेकिन भारतीयों और सीलोनियों के बीच जो दुर्भाव उठ खड़ा हुआ है, उसके बावजूद

---

[1] इंदिरा गांधी के कागज़ात, ने. स्मा. सं. पु.।

सार्वजनिक स्वागत असीम था। मैंने अपने कैमरे से जो तस्वीरें खींची थीं, उनमें से कुछ भेज रहा हूँ। बेट्टी अभी सीलोन में ही है। वह 11 अगस्त या उसके आसपास बंबई वापस आएगी।

चीन जाने की बात मेरे दिमाग़ में अभी भी चक्कर काट रही है। बात बनती जान पड़ती है। मैं यहाँ तरह-तरह के जो काम करता हूँ, उनसे अपने को निकालना निहायत मुश्किल है। लेकिन खुद यही बात बाहर जाने का प्रलोभन है। यात्रा की तैयारी के रूप में चेचक और कालरा से बचने का टीका ले लिया है, और कोई एक चीज़ मेरे साथ है, जो टायफायड से बचाने के लिए मेरे अंदर भोंकी जाएगी। यह एक नया अनुभव है, क्योंकि बचपन के बाद से मेरे साथ ऐसी कोई बात नहीं हुई थी। लेकिन मैं क़ायदों की कठिनाइयों से बचना चाहता था। मेरे शरीर को रोग से सुरक्षित करने के बाद जो एक मात्र ख़तरा बच रहा है, वह इनसान से है। उसके लिए कोई वैक्सिन या इंजेक्शन नहीं है। लेकिन ख़तरा बड़ा नहीं है, और जो है वह यात्रा का जायका बढ़ाएगा। मैं चाहता हूँ कि असली ख़तरा होता। मैं जानना चाहता हूँ कि जब मुझे उसका सामना करना पड़ेगा तो कैसा लगेगा। मैं कल्पना करता हूँ कि मुझमें जीने की जो तीखी ललक थी उसे मैंने खो दिया है, लेकिन मैं भली-भाँति जानता हूँ कि जब परीक्षा की घड़ी आएगी तो मैं आसानी से पकड़ नहीं छोड़ूंगा।

बहरहाल, एक कठिनाई उठ खड़ी हुई है। लंदन में चीन के राजदूत ने मुझसे अनुरोध किया है कि मैं अपनी यात्रा की बात फैलाऊँ नहीं, चुपचाप चला जाऊँ। यह आसान नहीं है। अगर मैं गया तो 21 के लगभग हिंदचीन में हनोई होकर वायुयान से जाऊँगा। वहाँ से कुनमिंग और चुंगकिंग - इलाहाबाद से तीन या चार दिन का मामला। अक्टूबर के पहले हफ़्ते में मैं वापस आने की उम्मीद करता हूँ, यानी अगर उससे पहले लड़ाई न छिड़ जाए।

मुझे कैलाश का एक पत्र मिला था। तुमने लिखा है कि तुम जुलाई के अंत तक स्विसे छोड़ सकती हो। फिर भी यह पत्र मैं तुम्हारे पिछले पते पर भेज रहा हूँ।

एक पूर्णतया सुयोग्य व्यक्ति[1] के द्वारा मेरे पैंफ्लेट 'व्हेयर आर वी?' की आलोचना यह रही - "फिर आपकी शैली की तकनीकी पराकाष्ठा - जिस तरह आप नितांत कठिन और गूढ़ और जटिल विषय-वस्तु को उठाते हैं और उसे धूप में प्रवाहित होते झरने के रूप में बदल देते हैं - यह एक चमत्कार है... "! तुम्हें याद होगा कि यह 'आदर्श' लेखन त्रिपुरी - कांग्रेस के ठीक पहले, बहुत जल्दबाज़ी में, रातों-रात हुआ था।

प्यार।

**तुम्हारा प्यारा,**

**पापू**

---

[1] 6 जुलाई, 1939 के अपने पत्र में फ्रांसेस गुंथर।

# 33. इंदिरा नेहरू को[1]

**इलाहाबाद**
**5 अगस्त, 1939**

**प्यारी इंदु,**

एक आकस्मिक घटना ने मुझे अचानक इलाहाबाद पहुँचा दिया है और मैं यहाँ कुछ घंटों के लिए हूँ, जबकि करने को कोई ख़ास काम मेरे पास नहीं है। बेशक, काम का तो अंबर लगा है, लेकिन मेरा दिमाग़ उसके साथ हमसाज़ नहीं हो रहा है और मेरे सारे कागज़ात बाहर हैं। इसलिए मैं तुमको कुछ लकीरें लिखने बैठ गया हूँ। इसके बाद, शायद मैं 'नेशनल हेराल्ड' के लिए एक मज़मून[2] लिख सकता हूँ।

मैं जमशेदपुर में था, जहाँ मैं टाटा कंपनी और मज़दूरों के बीच मध्यस्थता करने के लिए हवाई जहाज़ से गया था। मुझे पिछली शाम, या देर-से-देर आज सुबह, लखनऊ में होना चाहिए था। रेल से यह यात्रा पेचीदा थी, जिसमें कई जगह गाड़ी बदलनी पड़ती। इसलिए मैंने हवाई जहाज़ से जाने का फ़ैसला किया था। मैं कल सुबह वहाँ से रवाना नहीं हो सका, क्योंकि मौसम ख़राब था और वहाँ का अपना काम भी मैं पूरी तरह से ख़त्म नहीं कर सका था। आज बड़े सवेरे - लगभग 6 बजे या उससे भी पहले- - वहाँ से रवाना होने का हमारा इरादा था। लेकिन मौसम की ख़बर बहुत बुरी थी और पायलट ने कहा कि जब तक अच्छी ख़बर नहीं आती, रवाना होना ठीक नहीं है। हमने इंतज़ार किया। लगभग ग्यारह बजे उसने ख़बर भिजवाई कि वह यह ख़तरा उठाने के लिए तैयार है और इसलिए उपाध्याय के साथ मैं साढ़े ग्यारह बजे रवाना हुआ। बादलों की वजह से हम नीचाई पर उड़ रहे थे और तेज़ी से जा रहे थे, क्योंकि हवा हमारे अनुकूल थी। हमारा जहाज़ हल्के हिचकोले खा रहा था, वरना और कोई दिक़्क़त नहीं थी। हम बनारस से गुज़रकर इलाहाबाद की ओर बढ़े। बनारस और इलाहाबाद के बीच हम गरजीले तूफ़ान में पड़ गए और पायलट, जो शायद ज़रूरत से ज़्यादा सतर्क था, समझदारी के नज़रिए से सुरक्षित मार्ग समझकर, बनारस लौट गया, जहाँ हम लोग उतर गए। हमने वहाँ और पेटोल लिया और इलाहाबाद की ओर चल पड़े। उतरने की जगह थोड़ी थी और मशीन का बोझ कम

---

[1] इंदिरा गांधी के कागज़ात, ने. स्मा. सं. पु.।

[2] देखिए, भाग 11, शीर्षक 21

करने के लिए मैंने उपाध्याय के साथ अपना सारा सामान बनारस में ही छोड़ दिया। बनारस से इलाहाबाद की दूरी तय करने में हमें आधा घंटा लगा। हम एक गरजीले तूफ़ान से गुज़रे और घने कोहरे में बमरौली उतरे। आज हवाई जहाज़ से आगे जाने का कोई सवाल ही नहीं था, इसलिए मैं घर आ गया और चाय के वक़्त वहाँ पहुँच गया। आज रात मैं रेलगाड़ी से लखनऊ चला जाऊँगा।

बेशक, कोई मेरी राह नहीं देख रखा था और मैंने अपने को खोया- खोया-सा महसूस किया। यहाँ तक कि मेरे वफादार साथी उपाध्याय भी मेरे साथ नहीं थे। मैंने अनुभव किया कि कई तरह से मैं कितना असहाय हूँ। मैं तुम्हें लिख तो रहा हूँ, लेकिन यह ख़त यहाँ डाक में नहीं डाला जाएगा। यह मेरे साथ लखनऊ जाएगा, क्योंकि यहाँ मेरे पास डाकटिकट नहीं है और मैं यह भी नहीं जानता कि कितने का टिकट लगाना होगा।

खेतों के ऊपर से नीचाई में उड़ना बड़ा मज़ेदार था। बरसात के मौसम में भारत और वक़्तों से बिलकुल अलग दीखता है। यह हरा-भरा और आँखों को ठंडक से देखनेवाला है और हर जगह पानी का सैलाब बना हुआ है। बदक़िस्मती से इस ख़त को भेजने में देर हो गई। इसके साथ मैं मज़मून भी भेज रहा हूँ।

प्यार।

**तुम्हारा प्यारा,**
**पापू**

# 34. इंदिरा नेहरू को[1]

**कुनमिंग ( या युन्नान फ़ाउ )**
**22 / 23 अगस्त, 1939**

**प्यारी इंदु**

मैं बेहद थका हुआ हूँ, लेकिन मुझे तुमको कुछ सतरें लिखनी ही हैं। आज मैं तुम्हारी बहुत याद कर रहा था और चाह रहा था कि खोज की इस यात्रा में तुम मेरे साथ होतीं। चीन मुझे उत्तेजित कर रहा है, लेकिन जब मैं सोचता हूँ कि मैं अकेला हूँ, तो यह उत्तेजना फीकी पड़ जाती है। यात्रा का यह सारा धंधा खुद-ब-खुद करना मेरे लिए भारी बोझ बनता जा रहा है और अगला महीना कई तरह से आकर्षक होने पर भी, इसी वजह से, आतंक से भरा हुआ है।

आख़िर मैं चीन में हूँ। अजीब बात है कि कल सवेरे मैं कलकत्ता में रहा होऊँ और बर्मा, स्याम (जिसे वाजिब तौर पर थाईलैंड कहना चाहिए)। हिंदचीन से गुज़रकर अब चीन में होऊँ। तेज़ी से होनेवाले इन परिवर्तनों के साथ अपने दिमाग़ का ताल-मेल बनाए रखना आसान नहीं है।

मैं तुम्हें ज़्यादा कुछ नहीं लिख सकता, क्योंकि मैं बेहद थका हुआ हूँ, और अब रात के दो बज रहे हैं। कल सवेरे मुझे जल्दी उठना और चुंगकिंग जाने के लिए तैयार होना पड़ेगा, जहाँ मैं दोपहर तक पहुँचूँगा। वहाँ मेरा बड़ा बोझिल प्रोग्राम है। मैं एक हफ़्ते तक चुंगकिंग में ठहरने की उम्मीद करता हूँ।

मैं अपनी यात्रा के काफ़ी लंबे विवरण 'हेराल्ड' को भेज रहा हूँ, उन्हें पढ़ना।

प्यार।

**पापू**

---

[1] इंदिरा गांधी के कागजात, ने. स्मा. सं. पु.।

# 35. इंदिरा नेहरू को[1]

**चुंगकिंग के पास**
**28.8. 1939**

**प्यारी इंदु,**

लड़ाई का अंदेशा इतना ज़्यादा है कि कोई मनसूबा बाँधना दुशवार है। अगर यूरोप में लड़ाई छिड़ गई, जिसकी उम्मीद नहीं जान पड़ती तो मैं फ़ौरन भारत लौट जाऊँगा, नहीं तो मैं और तीन हफ़्तों तक यहाँ ठहरूँगा।

आज रात यहाँ फिर हवाई हमला हुआ है। मैंने सर्च लाईट की रोशनी में जापानी बममारों की और उनके साथ पीछा करनेवाले चीनी हवाई जहाज़ों की लड़ाई की झाँकी देखी। लेकिन फिर जल्दी से मुझे एक खाई में भेज दिया गया। मैं शाम और रात जेनरलिस्सिमो के घर पर गुज़ारता हूँ, जो चुंगकिंग से ठीक बाहर है। मैडम एक दिलकश मेज़बान हैं।

प्यार।

**पापू**

---

[1] इंदिरा गांधी के कागज़ात, ने. स्मा. सं. पु.।

# 36. इंदिरा नेहरू को[1]

**17 सितंबर, 1939**

**प्यारी इंदु,**

लगभग एक महीने की ग़ैरहाज़िरी के बाद मैं अभी इलाहाबाद लौटा हूँ। 7 सितंबर का तुम्हारा पत्र मेरा इंतज़ार कर रहा था। इसे पाकर मुझे बड़ी ख़ुशी हुई। ऐसा लगता है कि एक ज़माने के बाद तुमने मुझे पत्र लिखा है। मेरा ख़याल है कि लगभग दो महीना पहले, मेरी चीन यात्रा के पूर्व तुम्हारा पत्र मिला था। मैं सीलोन से लौटा और दो या तीन हफ़्ते भारत में रहने के बाद चीन चला गया। लड़ाई छिड़ने की ख़बर पाकर मुझे जल्दबाज़ी में वहाँ से लौटना पड़ा था। ग़ालिबन इतनी जल्दी लौट पाना मेरे लिए मुमकिन न हुआ होता, अगर चीनी सरकार ने एक विशेष विमान देकर सीधे बर्मा लौटने में मेरी मदद न की होती। आम विमान - सेवाएँ स्थगित कर दी गई थीं और जो थोड़ी-सी विमान - सेवाएँ चालू थीं, वे पूरी तरह से पहले सुरक्षित करा ली गई थीं। चीनी सरकार ने एक बढ़िया डगलस पेसेंजर विमान मेरे लिए हाँगकाँग से मँगवाया, जिसने मुझे चुंगकिंग से बर्मा सीमा के लाशियो तक पहुँचा दिया। लाशियो उत्तरी शान राज्य में है और बर्मा का रेल मार्ग वहीं से शुरू होता है। बहरहाल, मैंने अगली गाड़ी का इंतज़ार नहीं किया और कार से माँडले चला आया, जो 180 मील दूर था। रास्ते में कई जगह मुझे रोका गया, जहाँ बर्मी और भारतीय लोग मेरा स्वागत करने के लिए इकट्ठे हुए थे। वहाँ छोटी-छोटी सभाएँ भी हुईं। मेरे माँडले पहुँचने से बहुत पहले ही हमारी पुरानी मित्र श्रीमती गलिआरा रास्ते में मिलीं और वहाँ से मेरे साथ आईं। मुझे देखकर वह बहुत उत्तेजित और स्नेहपूर्ण थीं। उन्होंने मुझे कहा कि मैं तुम्हें उनका प्यार भेज दूँ।

माँडले से रेलगाड़ी के जरिए रंगून आया, लेकिन रास्ते में बाढ़ आई हुई थी और रेलवे लाइन एक फुट पानी में डूबी हुई थी। गाड़ी रुक गई। मैं रंगून पहुँचने के लिए बहुत उतावला था और यह तय किया गया कि मैं रेलट्राली से बाढ़वाला हिस्सा पार कर लूँ। आख़िरकार सात घंटे देर से रंगून पहुँचा और देखा कि दस हज़ार या इससे अधिक ज़्यादा की बड़ी भीड़ उस वक़्त तक मेरे लिए इंतज़ार कर रही थी। मेरे पास पहुँचने के लिए बहुत धक्क धक्का हो रहा था और जब मैं स्टेशन से बाहर आ रहा था तो भीड़ बेकाबू हो गई और बदक़िस्मती से कितने ही लोग घायल हो गए, क्योंकि वे गिर गए और भीड़ के पॉवों

[1] इंदिरा गांधी के कागज़ात, ने. स्मा. सं. पु.।

से कुचल गए थे। यहाँ तक कि औरों को बचाने की कोशिश में मैं भी गिर गया। चीनी गर्ल गाइडों की एक टोली मेरा स्वागत करने के लिए आई थी, जिनमें से सात या आठ घायल हो गईं। एक के तो गले की हड्डी भी टूट गई। मुझे इससे बड़ा दुःख हुआ, लेकिन ख़ुशकिस्मती से कोई चोट बहुत गहरी नहीं थी।

रंगून से मैं के. एल. एम. के जरिए कलकत्ता रवाना हुआ। मैंने सीधे इलाहाबाद आने की उम्मीद की थी, लेकिन मौसम ख़राब होने की वजह से के. एल. एम. दिनभर के लिए कलकत्ता में रुक गया। उसके बाद मैं रेलगाड़ी से सीधा वर्धा चला गया, जहाँ वर्किंग कमेटी की बैठक हो रही थी। मैंने वहाँ कई दिन बिताए और अभी मैं यहाँ पहुँचा हूँ।

चुंगकिंग से लाशियो तक की हवाई यात्रा बड़ी दिलचस्प थी और रास्ता पहाड़ी तथा जंगली इलाक़ों के ऊपर से था। कभी-कभी मुझे ऐसा लगता था कि हम किसी पहाड़ से टकराने ही वाले हैं, जो ख़तरनाक़ तौर पर नज़दीक दिखाई देता था। लेकिन हमारा चीनी पायलट होशियार था। मुझे लाशियो उतारकर विमान तुरंत चीन लौट गया, लेकिन बदक़िस्मती से उसके साथ मेरा एक छोटा बैग भी ग़लती से चला गया।

मैंने चुंगकिंग के पास की एक जगह से तुम्हें पिछला पत्र लिखा था। वहाँ च्याँग काई- शेक के गाँव के घर में मैं एक दिन-रात के लिए ठहरा था। मुझे संदेह है कि वह पत्र तुम्हें मिला होगा। मैं चीन में दो हफ़्तों से भी कम रहा। लेकिन ये कुछ दिन घटनाओं से भरे हुए थे और मैं उनके बारे में तुमको बहुत कुछ लिख सकता था। बहरहाल, अभी मैं ऐसा नहीं कर सकता।

लड़ाई ने हम सब पर ज़बर्दस्त जिम्मेदारियाँ डाल दी हैं और हमारे हाथ भरे रहनेवाले हैं। मैं नहीं जानता कि निकट भविष्य में भारत में क्या कुछ होनेवाला है। लेकिन एक बात बिलकुल साफ़ है - हम एक गतिशील स्थिति में फँस गए हैं और बड़े-बड़े परिवर्तन होकर रहेंगे।

वर्किंग कमेटी ने जो बयान जारी किया है, उसकी एक प्रति मैं इसके साथ भेज रहा हूँ। कमेटी ने एक छोटी वार - इमर्जेंसी सब-कमेटी भी बनाई है, जिसका चेयरमैन मैं हूँ और दूसरे दो मेंबर मौलाना अबुल कलाम आजाद और सरदार वल्लभभाई पटेल हैं। इस संकट की वजह से मैं फिर वर्किंग कमेटी में शामिल हो गया हूँ। मैं एक-दो दिन के अंदर लखनऊ जा रहा हूँ। अ. भा. कां. क. की बैठक वर्धा में 7 अक्तूबर को होगी।

मैंने इस पत्र को टाइप करा दिया है, क्योंकि सेंसरशिप के इस ज़माने में इससे सुभीता होगा। तुमने मेरे पिछले पत्रों की पहुँच नहीं लिखी, ख़ासतौर पर मैंने जो चेक और बैंक के लिए सूचनाएँ भेजी थीं उनकी। अपने आगे के प्रोग्राम का फ़ैसला तुम खुद करो। तुम्हीं सबसे अच्छा फ़ैसला कर सकती हो।

तमाम प्यार।

**तुम्हारा प्यारा,**

**पापू**

# 37. इंदिरा नेहरू को[1]

**30 सितंबर, 1939**

**प्यारी इंदु,**

एक हफ़्ता पहले मैंने तुम्हें ख़त लिखा था। उस वक़्त से हर रोज मैं तुमको लिखना चाहता था, लेकिन मैंने अपने को रोक रखा था। तुम अकसर मेरे ख़यालों में थीं। मेरे इतने नज़दीक थीं, फिर भी कितनी दूर थीं। इस लड़ाई ने दूरियाँ बढ़ा दी हैं और संपर्क कम कर दिए हैं और मुल्कों और लोगों को एक-दूसरे से अलग-थलग करने के लिए तरह-तरह की रुकावटें खड़ी हो गई हैं। मेरा दिमाग़ पिछली बड़ी लड़ाई तक लौट जाता है, जब तुम्हारी पैदाइश नहीं हुई थी और जब मैं बहुत ज़्यादा नौजवान था। बेशक, हम सभी बहुत उत्तेजित हो गए थे, लेकिन वह उत्तेजना दूर की थी, जैसे कोई तमाशबीन खेल देखता है। लेकिन आज हममें से कोई भी, वह चाहे जहाँ भी हो, तमाशबीन नहीं है। और हममें से कुछ के लिए लड़ाई का मतलब जिम्मेदारी का ज़बर्दस्त बोझ है। लड़ाई को जारी रखना मुश्किल और ख़ौफ़नाक काम है। मगर फिर भी फ़ैसला हो चुका है और सारी ताक़त इसी के लिए जुटा दी गई है। लेकिन जब निहायत ज़रूरी फैसले करने होंगे तो वह कहीं ज़्यादा दर्दनाक काम होगा। और भारत में आज यही हमारी नियति है।

पिछली लड़ाई! किस तरह धीरे-धीरे हम उसके आदी हुए, जब वह अपनी ख़ुसूसियत और खंदक की लड़ाइयों की लंबी और नीरस घड़ियों के साथ महीने - पर - महीने और साल - पर - साल घिसटती गई। इस बार यह दूसरे ढंग की होनेवाली है, लेकिन कौन जानता है? फिर भी, एक महीने की इस लड़ाई ने बड़े फ़र्क़ पैदा किए हैं। पोलैंड अब नहीं है और मंज़र पर रूस का ज़्यादा से ज़्यादा कब्जा होता जा रहा है। पिछली लड़ाई के वक़्त रेडियो नहीं था। अब हर आदमी रेडियो का दीवाना है और जिन्हें फुर्सत है वे तमाम लोग दिन के ज़्यादातर हिस्से में उसके पास मँडराते रहते हैं। मैं उन दीवानों में नहीं हूँ, लेकिन रात के खाने के बाद मैं भी उसके साथ थोड़ा वक़्त बिताता हूँ।

मैं इलाहाबाद और लखनऊ के बीच चक्कर काटता रहा था, और कल मैं वायसराय से मिलने के लिए दिल्ली जा रहा हूँ। मैं नहीं जानता कि इस सबका क्या नतीजा निकलेगा। किसी-न-किसी तरह मैंने वह तीव्र प्रेरणा खो दी है, जो मुझे जीने की

---

[1] इंदिरा गांधी के कागज़ात, ने. स्मा. सं. पु.। कुछ उद्धरण।

ताक़त देती थी और काम करने को मज़बूर करती थी। मुझमें वह ज़बर्दस्त दिलचस्पी नहीं रह गई है, जो हुआ करती थी। शायद यह उम्र का ताकाज़ा है, लेकिन मैं ऐसा नहीं समझता। यह सिर्फ़ थकावट और व्यर्थता की भावना है, जो पिछले तीन बरसों या ज़्यादा अर्से से मुझ पर हावी हो रही है। मैंने अपने लगातार दौरों और कड़ी मेहनत से इसकी अनदेखी करने और इसे दबाने की कोशिश की। दूसरे लोग इससे प्रभावित हुए, मैं नहीं हो सका, क्योंकि मैंने महसूस किया कि मैं एक अंदरूनी कमज़ोरी से बच निकलने की कोशिश कर रहा हूँ। और अब ऐसा लगता है कि यह कमज़ोरी बढ़ रही है और इसके साथ ही यह लापरवाही भी कि क्या होता है। शायद मैं इतना बड़ा आदमी नहीं हूँ कि तक़दीर ने मुझ पर जो काम डाल दिया है, उसके लायक़ बन सकूँ।

हमारे यहाँ चाँदनी रातें हैं। चाँद, आसमान से बमबारी, भीड़-भरी खाइयों, चेतावनी देनेवाले सायरनों, और आसमान में खेलनेवाली सर्च लाइटों और हवाई लड़ाइयों का असर मेरे दिमाग़ से जुदा न होनेवाला साथी बन गया है। एक महीना पहले, चुँगकिंग में, मैंने लगभग रोज ही इसका अनुभव किया था। महीने का उजला पखवाड़ा बममारों के लिए आमंत्रण और संकेत होता है। जब मैं इसके बारे में सोचता हूँ तो बेचैन हो जाता हूँ, लेकिन यहाँ के और लोगों की लापरवाही देखकर मुझे अचरज होता है।

चीन में मैंने कुछ यादग़ार चीजें लेने की ख़्वाहिश जाहिर की। बाज़ार करने का वक़्त नहीं था और मुझे प्रोत्साहन भी नहीं दिया गया। कुछ चीज़ें मेरे पास लाई गईं। वे ख़ूबसूरत और बुने हुए रेशम की (तस्वीरें वग़ैरह) और भड़कीली कशीदाकारी की चीजें थीं। उन्हें क़ीमती समझकर मैंने थोड़ी-सी चीजें चुनीं, लेकिन एक्सचेंज बहुत ज़्यादा मेरे हक़ में था और इसलिए क़ीमत माकूल थी। मैंने कुछ और चीजें चुनीं। और उसके बाद मैं रुक गया, क्योंकि मुझे पता चला कि मेरे चीनी मेज़बान मुझे क़ीमत नहीं अदा करने देंगे। मैंने जो चीजें चुनी थीं, उन लोगों ने उनमें कुछ और चीजें रख दीं और उन्हें तोहफ़े के तौर पर मुझे देने पर ज़ोर दिया। इस तरह की बात परेशान करनेवाली होती है, फिर भी मैं उससे छुटकारा नहीं पा सका। ख़ासतौर पर मैं कुछ सस्ते जेड (एक क़िस्म का सब्ज पत्थर) लेना चाहता था, लेकिन अपने पहले अनुभव के बाद मैंने ख़रीददारी का अपना इरादा छोड़ दिया।

इस तरह, मैं रेशमी और बुनी तथा कशीदाकारी की तस्वीरों से भरा एक संदूक अपने साथ ले आया। पहले मैं वर्धा गया और उन्हें बाँटना शुरू किया। वहाँ सरोजिनी नायडू थीं और मैंने कुछ चीजें उनके लिए और कुछ बेबे और पापी के लिए दीं। फिर अमृतकौर और साइके और बुल को; कुछ सावित्री को और कुछ अपने राजनैतिक सहयोगियों को। मैंने एक पैकेट बेट्टी को भेजा। इलाहाबाद लौटकर तीन मैंने रूप और बाप्पी को दिए और कुछ अन्य मित्रों को! अचानक मैंने पाया कि मेरा ख़जाना ख़ाली हो रहा है। ताक-झाँक

करनेवाली आँखों से जो कुछ बचा रह गया था, मैंने घबराकर उसे अलग हटा दिया और तुम्हारी छोटी अलमारी में बंद कर दिया। मुझे उम्मीद है कि वे तब तक वहाँ बनी रहेंगी, जब तुम आओगी और किसी तरह से उनका इस्तेमाल करोगी। उनमें चाँदी के कुछ छल्ले भी हैं।

मेरा कॉन्टैक्स कैमरा लंबा सफ़र कर आया है। रंगून में जब मैं के. एल. एम. पर सवार हुआ तो हमेशा की तरह कैमरा स्टेवार्ड को सौंप दिया गया, जिसने उसे तालाबंद कर दिया। कलकत्ता में, जहाँ मैं उतरा, उसने कैमरा मुझे नहीं दिया और उस वक़्त मैं भी माँगना भूल गया। कुछ समय बाद जब मैंने होटल में उससे पूछा तो उसने कहा कि उसे पाना आसान नहीं है, क्योंकि वह विमान में दमदम में है, जो कई मील दूर है। के. एल. एम. विमान के कमांडर ने सुझाव दिया कि वह उसे इलाहाबाद ले जा सकता है और वहाँ छोड़ दे सकता है। मैं राजी हो गया और ट्रेन से वर्धा चला गया। मैं जब इलाहाबाद लौटा तो मुझे बताया गया कि सील किया हुआ कैमरा- बॉक्स यहाँ खोला गया, लेकिन मेरा कैमरा उसमें नहीं था। कुछ दिनों बाद मुझे ख़बर दी गई कि विमान जब ऐम्स्टर्डम पहुँचा तो उन्हें उसमें एक अदद ज़्यादा कैमरा मिला, जो शायद मेरा रहा होगा। वे उसे वापस ले आए, लेकिन कराची में कस्टम अधिकारियों ने उस पर कब्जा कर लिया और रख लिया। और अभी वह वहीं है। मैं उसे पाने की कोशिश कर रहा हूँ और शायद कामयाब भी हो जाऊँगा, लेकिन चीन में मैंने जो बहुत सारी तस्वीरें खींची थीं और जो कैमरा के स्पूल में थीं, वे खो जाएँगी। जो भी हो, चीनी तस्वीरें मेरे पास काफ़ी तादाद में हैं।

मैडम च्यॉंग ने मुझे कुछ ख़ूबसूरत मर्दाने गाउन दिए हैं। कुछ रेशमी हैं और कुछ बारीक लिनेन के। मुझे बताया गया कि वह किसी तरह की घास से बना है...

जब भी लिख सको, मुझे ख़त लिखो। ख़त वक़्त पर नहीं मिलते, फिर भी कभी-न-कभी तो पहुँच ही जाते हैं।

प्यार।

**तुम्हारा प्यारा,**

**पापू**

# 38. इंदिरा नेहरू को[1]

**वर्धा**
**6 अक्तूबर, 1939**

**प्यारी इंदु,**

मैं दिल्ली से अभी-अभी यहाँ पहुँचा हूँ और मुझे 19 सितंबर का तुम्हारा पत्र मिला है। ऐसा लगता है कि एयर मेल से भेजी गई चिट्ठियाँ पूरा एक पखवाड़ा लेती हैं। तुम कहती हो कि तुम हफ़्ते में दो पत्र मुझे लिखती रही हो। चीन से लौटने के बाद मुझे तुम्हारे तीन पत्र मिले हैं। इसे छोड़कर मैंने भी तुम्हें तीन पत्र लिखे हैं। मैंने चुंगकिंग में च्याँग काई-शेक के घर से भी एक पत्र लिखा था। वहाँ से मैंने अगाथा को भी एक पत्र लिखा था, जिसमें बताया था कि मैडम च्याँग उनके बारे में तमाम तरह की बातें पूछ रही थीं और उन्होंने इच्छा प्रकट की थी कि मैं उनका स्नेहपूर्ण सम्मान उन तक पहुँचा दूँ। अगर अगाथा को मेरा पत्र न मिला हो तो तुम उन्हें इसके बारे में बता दो।

चूँकि मामूली डाक से 'हेराल्ड' तुम्हारे पास पहुँचेगा, यह मुमकिन नहीं जान पड़ता, इसलिए मैं इसे रोक रहा हूँ और वहाँ के लोगों से कहता हूँ कि हफ़्ते में दो बार वे तुम्हें एयर मेल से उसकी कतरनें भेज दिया करें। मुझे उम्मीद है कि वे तुम्हें मिल जाएँगी। बाद में तुम उन्हें लुइसे मोरिन को भेज दे सकती हो।

मैं नहीं जानता कि तुम कहाँ हो। शायद तुम ऑक्सफ़ोर्ड चली गई हो, लेकिन मैं तुम्हें अगाथा की मार्फ़त ख़त भेजना जारी रखूँगा।

आज सतीश कालेलकर[2] से यहाँ मेरी मुलाक़ात हुई। वह 'बियांकामानो' से वापस आए हैं और उन्हें अनोखा तज़रबा हुआ है। वह अगस्त के आख़िर में बंबई पहुँचनेवाले थे, लेकिन लड़ाई छिड़ने की संभावना ने इटालवी अधिकारियों को प्रेरित किया कि वे 'बियाँकामानो' को किसी ग़ैर-ब्रिटिश बंदरगाह पर भेजें। इसलिए वह जावा के बटाविया बंदरगाह पर गया और उसने कोलंबो को भी नहीं छुआ। बाद में वह सिंगापुर आया, जहाँ भारत के बदक़िस्मत मुसाफ़िरों को कई दिनों तक इंतज़ार करना पड़ा। फिर वे अलग-अलग जहाज़ से कोलंबो होते हुए वापस आए।

---

[1] इंदिरा गांधी के कागजात, ने. स्मा. सं. पु.।

[2] ऑक्सफोर्ड में इंदिरा नेहरू के समकालीन, बाद में भारतीय सूचना सेवा के सदस्य।

दिल्ली में वायसराय के साथ मेरी लंबी मुलाक़ात हुई और तीन बरसों के बाद मैं अपने पुराने दोस्त श्री जिन्ना से भी मिला। स्थिति बिलकुल अनिश्चित है और अगले दो हफ़्तों के लगभग ऐसी ही बनी रहनेवाली है। शायद अ. भा. कां. क., जिसकी बैठक 9 को हो रही है, कोई आख़िरी फ़ैसला न कर पाएगी और इसे वर्किंग कमेटी के लिए छोड़ देगी। किसी समझौते की संभावना आशाप्रद नहीं है। अगर आख़िरी नतीजा यही है तो तुम समझोगी कि घटनाएँ बड़ी तेज़ी से मोड़ लेंगी।

मुझे पूरा यकीन है कि साँस की कसरतें तुम्हारे लिए फ़ायदेमंद होंगी। तुम्हें याद होगा कि जब तुम यहाँ थी तभी मैंने तुम्हें उनकी सलाह दी थी। लेकिन ज़ाहिर है कि तुम्हें ऐसा कुछ नहीं करना चाहिए, जिसे डॉक्टर मना करें। मेरा खयाल है कि बहुत हलकी कसरतें शायद तुम्हारे लिए नुक़सानदेह नहीं हो सकतीं और भंडारी उनके लिए राजी हो जाएँगे। क्यों न तुम उनको बिरजूभाई से मिला दो और पता लगाओ कि वह किन कसरतों का सुझाव देते हैं? ये कसरतें चाहे जितनी आसान हों, उन्हें बिना नागा करना चाहिए। यहाँ तक कि रोज थोड़ी देर तक मामूली तौर पर नियमित साँस लेना भी बहुत अच्छा है। साँस की आसान नियमित कसरतों का मैं बड़ा हिमायती हूँ। भंडारी और बिरजू चाचा को इस मामले को आपस में तय कर लेने दो।

कल मैंने दिल्ली से 850 शब्दों का एक लंबा केबल संदेश 'न्यूज क्रॉनिकल[1] वालों के अनुरोध पर उन्हें भेजा है। मैं जानना चाहता हूँ कि क्या वह प्रकाशित हुआ है।

क्या यह मुमकिन है कि तुम रेडियो पर दिल्ली स्टेशन की आवाज सुन सको? अगर ऐसा हो तो तुम भारत की ख़बरें जान सकती हो। उससे तुम्हें मेरी गति-विधियों का भी पता चलेगा, जिनकी पूरी रिपोर्टिंग होती है। कोशिश करके देखो। वे दिन में कई बार ख़बरें देते हैं। आमतौर पर मैं 6 बजे शाम या 9 बजे रात ( भारतीय समय) की ख़बरें सुनता हूँ। तुम्हारे लिए इसका मतलब 5 घंटे के लगभग पहले होगा। शायद कोई तुम्हें यह बतला सकेगा कि इंग्लैंड में दिल्ली स्टेशन को सुना जा सकता है या नहीं।

बातें बहुत सारी हैं, जिन्हें मैं तुमको लिखना चाहता हूँ। मेरे मन में एक अर्से से यह बात थी। लेकिन लिखना मुमकिन नहीं है, और मैं नहीं जानता कि हम कब मिल सकेंगे- महीनों या बरसों के बाद। और ये महीने और बरस बड़े-बड़े परिवर्तन और शायद हम सबके लिए नए अनुभव ले आएँगे। हर चीज़ कितनी अनिश्चित है। ज़िंदगी हमेशा से ज़्यादा एक सवालिया निशान बन गई है।

---

[1] देखिए, भाग 3, शीर्षक 18 1

कई दिन पहले मैंने लुइसी मोरिन और जीन जेक्विस को ख़त लिखे थे। मुझे शक है कि मेरे ख़त उन्हें मिलेंगे। जो भी हो, लुइसी को ख़त लिखकर बतला दो कि मैंने उसे लिखा था।

मैं तुम्हें हफ़्ते में एक ख़त लिखना चाहता हूँ - शायद और ज़्यादा। अगर मेरे ख़त तुम्हें बिना नागा न मिलें तो कसूर किसी और का है।

प्यार,

**तुम्हारा प्यारा,**

**पापू**

# 39. इंदिरा नेहरू को[1]

**लखनऊ**
**17/18.10.1939**

**प्यारी इंदु,**

तीन दिन पहले मैंने तुम्हें ख़त लिखा था[2]। तब मैंने तुम्हें बताया था कि एडवर्ड थांप्सन अचानक इलाहाबाद पहुँच गए थे। वह आनंद भवन में आ गए थे और उन्होंने मेरे साथ दो दिन बिताए। उनसे मेरी लंबी बातें हुईं। बातचीत में वह किसी क़दर झक्की क़िस्म के हैं - मैं समझता हूँ, यह शायद कवि की ख़ुसूसियत है, लेकिन उन्हें नज़दीक पाना और उनसे बातें करना एक ख़ुशग़वार तब्दीली थी। उन्होंने आज के इंग्लैंड की और यूरोप की बेहतर तस्वीर गढने में मेरी मदद की और भारत की हैरतअंगेज़ पेचीदगियों को समझने में शायद मैंने भी उन्हें थोड़ी मदद दी। वह दिल्ली गए और मैं लखनऊ चला आया। उनके जाने से पहले मैंने तुम्हारे लिए उनको चीनी रेशम के दो छोटे टुकड़े दिए - एक तो बुनी हुई तस्वीर है और दूसरी कशीदाकारी। मैं तुम्हें कुछ और चीजें भेज सकता था, लेकिन मैंने उन पर बोझ डालना या चुंगीवालों के जरिए परेशानी में नहीं डालना चाहा। ये तुम्हारी सालगिरह के लिए तोहफ़े हैं। जल्दी ही तुम्हारी सालगिरह आ रही है, और मैं नहीं जानता कि उस वक़्त मैं कहाँ होऊँगा। इसीलिए मैं इस मौक़े को नहीं चूका हूँ।

मैं यह ख़त आधी रात को लिख रहा हूँ। मैंने अभी-अभी वायसराय का वह भाषण पढ़ा है, जिसे उन्होंने कांग्रेस की माँग के जवाब में दिया है। दरवाजा बंद कर दिया गया है। मैं समझता हूँ कि अब घटनाएँ तेज़ी से आगे बढ़ेंगी और मैं नहीं जानता कि कब तक तुम्हें उस तरह से ख़त लिख सकूँगा जैसे अब तक लिखता रहा हूँ। जो भी हो, इससे कोई फ़र्क नहीं पड़ता।

अपना ध्यान रखो, प्रिय, और अपने शरीर और मन को चुस्त और मज़बूत रखो। आनेवाले दिनों में तुम्हें अपनी तमाम ताक़त की ज़रूरत होगी।

प्यार,

**तुम्हारा प्यारा,**
**पापू**

---

[1] इंदिरा गांधी के कागजात, ने. स्मा. सं. पृ.।

[2] नहीं छपा।

# 40. इंदिरा नेहरू को[1]

**इटारसी स्टेशन**
**21.10.1939**

**परम प्रिय,**

तो तुम फिर ब्रेंटफ़ोर्ड अस्पताल लौट गईं, जहाँ पिछले साल मैं कई बार तुमसे मिला था! लेकिन इस तरह के हादसे होते हैं और उनसे परेशान नहीं होना चाहिए। अगर हमारे रास्ते में कोई रुकावट आती है तो हम उसे ख़ुसूसियत दे देते हैं और दूसरी रुकावटों को भूलकर पूरा तवज्जोह उसी पर देते हैं। बदक़िस्मती से जिंदगी रुकावटों और अड़चनों से भरी है और आज सारी दुनिया में ये बहुत ज़्यादा ज़ाहिर हैं। लेकिन हम एक के बाद एक उन पर फ़तह हासिल करेंगे।

मैंने डॉ. भंडारी को तफ़सील से लिखी है। तुम अच्छे हाथों में हो और तुम्हारी देखभाल करने और हर तरह से तुम्हारी मदद करने के लिए बहुत- से दोस्त तुम्हारे पास हैं। यह एक तसल्ली है। जब तुम बेहतर हालत में आ जाओगी तो आगे का अपना प्रोग्राम तय कर सकती हो। इसकी कोई जल्दी नहीं है और जब तक तुम अस्पताल से बाहर नहीं आ जातीं, इसके बारे में सोचने की ज़रूरत नहीं है। भंडारी का सुझाव है कि पहले तुम्हें डेवनशायर जाना चाहिए। उसके बाद देखा जाएगा।

किसी भी दूसरी जगह की तरह भारत आज एक अजीब और अनिश्चित जगह है, जहाँ कुछ भी हो सकता है। लेकिन हम लोगों का चाहे जो भी हो, अगर तुम वापस आने का फ़ैसला करो तो हमेशा ऐसे बहुत-से दोस्त हैं, जो तुम्हारी देख-भाल कर सकते हैं।

कल जब मैं इलाहाबाद स्टेशन जा रहा था, तुम्हें एक केवल भेजने के लिए मैं तार - घर में चला गया। जैसा मैं हमेशा करता हूँ, मैंने उस पर दस्तख़त किया, पापू। लेकिन तारवालों ने कहा कि इतना काफ़ी नहीं है। सेंसरवाले पूरा नाम चाहते हैं। मैं बेमतलब झुंझला गया और फ़ार्म को तोड़-मरोड़कर किसी तरह बाहर चला आया। आज मैंने वह केबल भेजा है और उस पर 'पापू नेहरू' दस्तख़त किया है।

मैं वर्धा के रास्ते में हूँ।

प्यार।

**तुम्हारा प्यारा,**
**पापू**

---

[1] इंदिरा गांधी के कागज़ात, ने. स्मा. सं. पृ.।

# 41. इंदिरा नेहरू को[1]

**लखनऊ**
**6.11.1939**

**परम प्रिय,**

मैंने लगभग दस दिनों से तुम्हें ख़त नहीं लिखा है और इस तरह, अपने पिछले ख़त में कम-से-कम हफ़्ते में एक ख़त लिखने का जो वादा मैंने किया था, उसे तोड़ा है। लेकिन जिंदगी कड़ाई से काम लेती है और ये दिन तो ख़ासतौर पर सख्त रहे हैं। हमें तनाव की हालत में रहना होता है, हमें यह पता नहीं रहता कि क्या होगा, और इस बीच रेलगाड़ी से भाग-दौड़ करते हुए - इलाहाबाद से वर्धा - बंबई – लखनऊ – दिल्ली – इलाहाबाद -- और फिर लखनऊ। मैं आज यहाँ आया हूँ और आख़िरी बार के लिए 6 कूपर रोड में ठहरा हूँ, जो मंत्री - निवास है। कांग्रेसी सरकारें ख़त्म हो गई हैं और मिनिस्टर लोग मामूली कामों में लग गए हैं। बेशक, अगर फूफी बीमारी की वजह से यहाँ रुक न गई होतीं तो मैं यहाँ कभी न आता।

अगाथा और भंडारी दोनों के नाम से आए एक केबल के जरिए मुझे मालूम हुआ कि तुम स्विट्ज़रलैंड जा रही हो और उन दोनों में से एक (या कि दोनों?) तुम्हारे साथ जा रहा है। मैं ठीक-ठीक नहीं जानता कि तुम कब और कहाँ जा रही हो। मैं समझता हूँ कि तुम लेसिन जा रही हो। वह एक महफ़ूज और ख़ामोश कोना है और तुम्हारी दोस्त मैडम हेमरलिन तुम्हारे पास होंगी। अगर तुम डॉ. रोलियर के यहाँ जाओगी, जैसी मेरी उम्मीद है कि जाओगी, तो तुम एक गुजराती लड़के से मिलोगी, जिसे जीवराज मेहता ने भेजा है। मैं उसका नाम भूल गया हूँ।

कुछ दिनों से आनंद भवन की बगल में, स्मारक अस्पताल के निर्माण का काम चल रहा है। नींव पड़ गई है और बापू 19 नवंबर को आधारशिला रखनेवाले हैं। यह तारीख़ बापू की सुहूलियत के मुताबिक तय की गई थी और फिर अचानक मुझे ख़याल आया कि यह तुम्हारा जन्म - दिन है। मैं जानना चाहता हूँ कि क्या तुम्हें मेरा भेजा जन्म - दिन का छोटा-सा उपहार वक़्त पर मिल गया—वे चीनी तस्वीरें, जिन्हें मैंने एडवर्ड थाम्प्सन की मार्फ़त भेजा है, वह कल सवेरे हवाई जहाज़ से जा रहे हैं।

---

[1] इंदिरा गांधी के कागज़ात, ने. स्मा. सं. पु.। कुछ उद्धरण।

हाल में दिल्ली में खींची गई दो तस्वीरें मैं इसके साथ भेज रहा हूँ। बापू और जिन्नावाली तस्वीर बहुत ख़ासियत है। शंकर के दो कार्टून भी भेज रहा हूँ। क्या तुमने सैम्युअल होर का वह भाषण पढ़ा है, जिसमें उन्होंने मेरे हैरोवियन होने का जिक्र किया है और उस पुराने स्कूल की तारीफ़ की है, जिसने एक शती में उनके, बाल्डविन के, विंस्टन चर्चिल के, और मेरे-जैसे चार नामी-गरामी आदमियों को पेश किया है[1]! स्कूल के पुराने संबंध के नाम पर मुझसे यह अपील निहायत भोंड़े ढंग से की गई थी।

प्यार।

**पापू**

[1] हाउस ऑफ कॉमंस में 26 अक्तूबर, 1939 को।

# 42. इंदिरा नेहरू को[1]

**इलाहाबाद**
**16-11-1939**

**प्यारी इंदु,**

तुम्हारा संदेश बड़ा सुखद था, क्योंकि उसने तुम्हारी सेहत की तरक़्क़ी की ख़बर दी। एक ख़ास उम्र तक पहुँच जाने या उसे गुज़ार देने के बाद सालगिरह की याददिहानी कोई ख़ुशग़वार बात नहीं होती। मैं समझता हूँ कि चीन में पचासवीं वर्षगाँठ बहुत बड़ी घटना होती है, क्योंकि वहाँ उम्र की इज्ज़त होती है और हर आदमी अपनी उम्र से ज़्यादा का दीखना चाहता है। उम्र के लिए मुझमें उतना ज़्यादा उत्साह नहीं है और मेरी उम्र के सिलसिले में पचास की संख्या मुझे डरा देती है। शायद बरसों के साथ अक़्लमंदी आती है, लेकिन अक़्लमंदी बात खुद किसी को बहुत दूर नहीं ले जाती। उस अक़्लमंदी के मुआफ़िक अमल करने की प्रेरणा और क्षमता का होना भी ज़रूरी है। Si jeunesse savait, si vieillesse pouvait[2]. इसलिए, उम्र का आना कोई वैसी सुखद घटना नहीं है। मैं मंजूर करता हूँ कि मैं अपने- आपको बेहद बूढ़ा नहीं महसूस करता। इस अहसास से मुझे अचरज होता है कि मैं पचास का हूँ — मुझे साठ का या सत्तर का थरथराता हुआ बूढ़ा क्यों होना चाहिए, जो हर किसी के लिए एक बोझ और काँटा होता है।

कभी-कभी मैं अपने-आपको बहुत बूढ़ा और थका हुआ महसूस करता हूँ। इसका उम्र से कोई ताल्लुक़ नहीं है। यह एक दिमागी थकावट और यह अहसास है कि मैं जिस दुनिया में रहता हूँ, उससे कुछ अलग की चीज़ हूँ। मेरे संपर्क कम और निर्वैयक्तिक होते जाते हैं। जिस नाटक में मैं अभिनय करता हूँ, उसका ज़्यादा से ज़्यादा दर्शक बनता जा रहा हूँ। जिंदगी एक अजीब मामला है, और अब यह मुझे उससे कहीं ज़्यादा हैरान करती और उलझाती है, जितना तब करती थी, जब मैं कम उम्र का था और जब मुझमें भरोसा था। वह भरोसा नहीं रहा। मैं क्या जानता हूँ? मैं क्या समझता हूँ? हर आदमी एक रहस्य है, जिसकी थाह नहीं मिल सकती। पुरानी आदत या घमंड की वजह से हम अपने-अपने दायरे में काम करते रहते हैं और बरस बीतते जाते हैं और हम ख़त्म हो जाते हैं।

---

[1] इंदिरा गांधी के कागजात, ने. स्मा. सं. पु.। कुछ उद्धरण।

[2] "यदि युवा लोगों को जानकारी होती और वृद्ध लोगों में करने की सामर्थ्य।"

गुंथर - दंपति ने न्यूयॉर्क से मुझे एक केबल भेजा है : "सालगिरह मुबारक। अगले पचास साल निहायत आसान जबकि आप मज़बूती से खड़े हैं। प्यार।" अगले पचास बरसों की बात सोचना कितनी डरावनी संभावना है! दूसरे संदेशों में एक मसूरी का था : "सालगिरह मुबारक, झंडा ऊँचा रहे हमारा। प्यार, चाँद तारा रीता टाँग्ले अम्मा।" क्या तुम्हें उस सिर- चढ़े छोटे कुत्ते टाँग्ले की याद है, जो रीता की ख़ुशी था?

पिछले कई दिन मैंने पहले के मुकाबले शांति और फुर्सत में बिताए हैं, यानी मेरे सार्वजनिक कार्यक्रम बहुत कम रहे हैं। मैं इतने लंबे अर्से तक इलाहाबाद से बाहर रहा कि चिट्ठियों का अंबार इकट्ठा हो गया है। अधिक आवश्यक पत्रों को, या आफिस जिन पत्रों को आवश्यक समझता था उन्हें, मेरे पास भेज दिया जाता था। दूसरी चिट्ठियाँ यहीं रह गईं और मैंने डरते हुए उस ढेर का सामना किया। जब मैं चीन में था उस दौरान आए पत्रों का विशाल संग्रह देखकर मैं चकित रह गया। ख़ुशकिस्मती से ज़्यादातर ख़त अपने-आप ही जवाब पा जाते हैं, बशर्ते उन्हें उनके हाल पर छोड़ दिया जाए। ख़तों और अख़बारों से भरे कई टोकरों का सामान फाड़ देने की ख़ुशी मुझे हासिल हुई। मुझे जो ख़त मिले, लगभग उन सबका जवाब देने की कोशिश की। अपनी करीने की आदत मैं बहुत पहले ही छोड़ चुका हूँ। यह जिस्मानी तौर पर नामुमकिन हो गया था और शायद मैं अपने काम में लापरवाह भी होता जा रहा हूँ।

इस तरह तीन या चार दिन की सख्त मेहनत के बाद मैंने अपने कमरे से ढेर सारे अख़बार, यहाँ तक कि क़िताबें भी, हटा दीं, जो तमाम फर्श पर बिखरी पड़ी थीं। कमरा एक बार फिर साफ़-सुथरा और ढंग का दीखने लगा - लेकिन कितने दिनों के लिए?

सालगिरह पर लोग नए कपड़े बनवाते हैं। बहुत बरसों से, भारत में मैंने अपनी पोशाक में एक कुर्ता और धोती के अलावा और कुछ शामिल नहीं किया था। इस बार एक नई शेरवानी बनवाने के लिए मुझे राजी करने की बाक़ायदा साजिश जारी थी और मैं झुक भी गया, गो मेरी पुरानी शेरवानियाँ ख़ासी अच्छी थीं। होप ब्रदर्सवालों को बुलाया गया और उन्होंने मुझे उस पिछले मौक़े की याद दिलाई, जब मैंने शेरवानी बनवाई थी - ठीक दस साल पहले, लाहौर कांग्रेस के वक़्त! अब मैं एक नई शेरवानी का गर्वीला मालिक हूँ और मैं नहीं जानता कि इसका क्या करूँ।

अगले तीन या चार दिनों के अंदर आनंद भवन में लोगों की भीड़ इकट्ठी हो जाएगी। यहाँ वर्किंग कमेटी की बैठक और कमला नेहरू अस्पताल का शिलान्यास है। हम यहाँ टेंट डलवा रहे हैं।

तुम्हारे ख़त में यह पढ़कर मुझे अचरज हुआ कि तुम बड़े दिन के बाद तक स्विट्ज़रलैंड नहीं जाना चाहती हो। नवंबर के आख़ीर तक वहाँ की आबोहवा काफ़ी अच्छी होती है, और अगर तुम वहाँ जा रही हो तो जितनी जल्दी चली जाओ, उतना ही

अच्छा है। मेरा ख्याल है कि वीसा की कठिनाई दूर कर ली जाएगी। मुझे डॉ. सैम्सन का एक ख़त मिला है, जो ब्रेंटफ़ोर्ड अस्तताल में तुमसे मिले थे। जैसा तुमने लिखा है, वह जर्मन स्विट्ज़रलैंड के हिमायती थे। हम जानते हैं कि स्विट्ज़रलैंड के मुख्तलिफ़ हिस्सों के लोग किस तरह अपने ख़ास क्षेत्रों की कसमें खाते हैं। मैं नहीं समझता कि इससे परेशान होने की कोई ज़रूरत है। इलाज के ख़याल से वे दोनों ही जगहें कमोबेश एक जैसी हैं। तुम्हें याद होगा कि स्टेफ़न किस तरह कहा करते थे कि स्विसे में सबसे धूपीली जगह मोटाना है। दरअसल इससे कोई फ़र्क़ नहीं पड़ता कि स्विट्ज़रलैंड में तुम कहाँ जाती हो - फ्रांसीसी हिस्से में या जर्मन हिस्से में। जो जगह तम्हें सबसे ज़्यादा लुभाती हो वहीं जाओ।

ख़र्च के लिए तुम्हें कोई फ़िक्र नहीं करनी चाहिए। और बातों के अलावा, यह एक ज़रूरी ख़र्च है और किफायतशारी ग़लती है, जबकि मौजूदा किफायतशारी का नतीजा बाद में ज़्यादा परेशानी और ज़्यादा ख़र्च होगा या हो सकता है। सबसे अच्छा यह है कि किसी काम को अच्छे ढंग से किया जाए और उसका अच्छे-से-अच्छा नतीजा हासिल किया जाए। इसीलिए मैंने सुझाव दिया था कि अगर डॉक्टर कहें कि किसी सैनेटोरियम में जाने से तुम्हें ज़्यादा फ़ायदा होगा तो तुम्हें वहाँ जाना चाहिए। क्योंकि इसका नतीजा यह हो सकता है कि स्विसे में तुम्हें कम वक़्त गुज़ारना पड़े और तुम्हारी सेहत भी तेज़ी से ठीक हो जाए।

माली मामलों की फ़िक्र हमने कभी नहीं की। अब हमें ऐसा क्यों करना चाहिए? अगर आमदनी से नहीं तो पूँजी से हम आसानी से काम चला सकते हैं। अगर पूँजी ख़त्म हो जाए तो उसको बढ़ाने का माद्दा हममें है। इस बदलती हुई दुनिया में, जिसमें हर तरह की क्रांतिकारी संभावनाएँ हैं, कोई नहीं जानता कि अब से कुछ साल या कुछ महीने बाद हमारी दौलत की क्या क़ीमत रहेगी। हमारी असली पूँजी काम करने की हमारी दिमाग़ी और दीगर सलाहियत है और उसे हमसे कोई नहीं छीन सकता। और फिर, जब ज़रूरी हो तो अपना ख़र्च घटाने और रहन-सहन के तौर-तरीके बदलने की बहुत कार-आमद और मुफ़ीद ताक़त भी हममें है। यह अपने-आप में एक जुर्रत होगी, जो जिंदगी को लज़्ज़तदार बनाती है। लेकिन अभी या निकट भविष्य में इसका सवाल नहीं है। निजी रुपए-पैसे की बाबत मुझे कभी फ़िक्र नहीं होती। मुझे अपनी दोनों तरह की - काफ़ी कमाने की और अपना ख़र्च घटाने की - ताक़त पर इतना भरोसा है कि भविष्य मुझे कभी परेशान नहीं करता।

मैंने जो छोटी-सी क़िताब 'लेटर्स फ्राम ए फ़ादर टु हिज डाटर' (पिता के पत्र पुत्री के नाम ) लिखी थी, वह ख़ासी साने की खदान हो गई है, गोकि मुझे उससे फ़ायदा

होनेवाला नहीं है। यह कई प्रांतों में अंग्रेजी, हिंदी और उर्दू में पाठ्य-पुस्तक के रूप में लगाई जा रही है और इसे बहुत बड़ी तादाद में छापा गया है। मुझे तब तक शायद ही इसकी जानकारी थी, जब मुझे पता चला कि किताबिस्तान ने इससे 20,000 रुपयों का मुनाफ़ा कमाया है। 2,500 के आसपास की रक्रम मेरे पास भी टपक आई। लेकिन ग़रीब विद्यार्थियों के शोषण का विचार मुझे पसंद नहीं आया, इसलिए क़िताब में अपने हिस्से के अधिकार को मैंने प्रांतीय सरकारों को इस शर्त पर सौंप दिया कि क़िताब बहुत कम क़ीमत पर बेची जाए। सं. प्रां. सरकार इसे चार आने में बेच रही है और फिर भी अच्छा-खासा मुनाफ़ा कमा रही है। मेरे सुझाव के मुताबिक इस रक़म का इस्तेमाल वे ग़रीब विद्यार्थियों को स्कालरशिप देने के लिए कर रही हैं, जो कमला के नाम पर दिया जाएगा।

मैं समझता हूँ कि अगर मैं कारोबारी होता तो अपनी क़िताबों से काफ़ी धन कमा सकता था। लेकिन मुझमें मुफ़लिस या दीवालिया प्रकाशकों को ही चुनने का एक हुनर है। मेरी 'आत्मकथा' के तमिल संस्करण की बिक्री बहुत अच्छी हुई थी, लेकिन उससे मुझे कोई फ़ायदा नहीं हुआ, क्योंकि प्रकाशक नीम- पागल, नीम- दगाबाज़ और ऊपर से दीवालिया भी है! भारत में मेरी क़िताबों के जो बहुत-से संस्करण निकले हैं, मैं उनसे संपर्क भी नहीं बनाए रख पाता। फिर भी, मुझे शिकायत नहीं करनी चाहिए। कुछ-न-कुछ रक़म बराबर आती रहती है और वह बड़े काम की होती है - जाती ख़र्च के लिए नहीं, जो कि बहुत थोड़ा है, बल्कि दीगर कामों के लिए। मुझे चूसने का एक बड़ा साधन 'नेशनल हेराल्ड' रहा है। मुझे पता नहीं, यह मुझे कहाँ पहुँचाएगा। तुम्हारे या मेरे जाती खर्चों से कोई ख़ास फ़र्क़ नहीं पड़ता।

कलकत्ता के 'स्टेट्समैन' ने अंतरराष्ट्रीय मामलों के बारे में हर हफ़्ते एक कॉलम की टिप्पणी लिखने के लिए 500 रुपया महीना देने का प्रस्ताव किया था। बेशक, मैंने उसे नामंजूर कर दिया। लिखकर अच्छी कमाई कर लेना मेरे लिए बड़ा आसान है। लेकिन दूसरे मामले मेरा ध्यान खींच लेते हैं और जब मैं लिखता भी हूँ तो पैसों के लिए नहीं लिखता।

इसलिए स्विसे की यात्रा के ख़र्च की तुम फ़िक्र न करो। अच्छी हो जाओ, सेहत और ताक़त इकट्ठी करो, सेहत के मामले में पूँजीवादी बन जाओ, और बाकी की कोई बात नहीं है...

अब यहाँ का मौसम बहुत ख़ुशगवार है, गोकि थोड़ी-बहुत ठंड मैं ज़्यादा पसंद करता। रातें ठंडी हैं, दिन बहुत ख़ुशग़वार।

मैं एक कार्ड भेज रहा हूँ, जो तुम्हारे लिए आया था— जर्मनी से आया हुआ लड़ाई के पहले का कार्ड। यहाँ तक पहुँचने में इसे दो महीने लगे। चूँकि यह मेरे लिफ़ाफ़े में नहीं आएगा, मुझे इसको काटना पड़ा है। अब मैंने दूसरा लिफ़ाफ़ा चुन लिया है

प्यार।

**तुम्हारा प्यारा,**

**पापू**

# 43. इंदिरा नेहरू को[1]

**2 दिसंबर, 1939**

**प्यारी इंदु,**

मैं कल मुत्रा[2] (मथुरा - जैसे श्रुति - मधुर शब्द के हिज्जे करने का कैसा भद्दा तरीक़ा! ) से वापस आया हूँ। यहाँ 19 / 21 नवंबर का तुम्हारा ख़त मेरा इंतज़ार कर रहा था। मुझे यह जानकर बड़ी ख़ुशी हुई कि ढेर सारे फूलों और फलों और धूप - चाकलेटों का तो जिक्र ही क्या -के साथ तुमने अपनी पुर- लुत्फ़ सालगिरह मनाई, लेकिन तुम्हारे ब्यौरे में एक चीज़ मुझे नहीं मिली। एडवर्ड थाम्पसन ने क्या वे चीनी तस्वीरें तुम्हें नहीं दीं, जिन्हें मैंने उनकी मार्फ़त भेजा था? वह बड़े भुलक्कड़ हैं और आसानी से भूल जा सकते हैं। तस्वीरें एक बड़े लिफ़ाफ़े में हैं और बाहर से देखी जा सकती हैं।

तुम्हारे स्विट्ज़रलैंड जाने का मसला ज़्यादा-से-ज़्यादा पेचीदा होता जान पड़ता है। कहाँ जाया जाए? लेसिन, मोंटाना, डेवोस या स्टन् के यहाँ। इसके बारे में मेरा ज़्यादा कुछ कहना बेमानी है, क्योंकि फ़ैसला उधर ही किया जाना चाहिए, और जहाँ तक मेरा ताल्लुक़ है, तुम कहाँ जाती हो, इससे कोई ख़ास फ़र्क नहीं पड़ता। मुझे लगता है कि लेडी महाराज सिंह की पसंदीदा जगह मोंटाना, कई वजहों से, बहुत माकूल नहीं है। जीवराज मेहता अब भी लेसिन पर अड़े हुए हैं, क्योंकि डॉ. रोलियर की काबिलीयत पर उन्हें भरोसा है और वह यह भी सोचते हैं कि लेसिन को इसलिए भी तरजीह दी जानी चाहिए कि वहाँ ज़्यादा आसानी से पहुँचा जा सकता है और शायद वह जगह कुछ सस्ती भी है।

अपनी मथुरा - यात्रा मुझे अच्छी लगी। वहाँ से लौटते हुए मैंने कुछ घंटे आगरा में बिताए कार्तिकी पूर्णिमा की रात में ताज़ को देखने के लिए। ताज़ मुझे बहुत अच्छा लगता है, सिर्फ अपनी अज़हद ख़ूबसूरती की वजह से नहीं, बल्कि इसलिए भी कि वह मुझे मौजूदा वक़्त से बाहर ले जाता है। वह कुछ ऐसी चीज़ है, जिससे थोड़ी देर के लिए निर्लिप्तता का बोध होता है और इनसान लड़ाई-झगड़े और जंग की इस दुनिया से दूर चला जाता है। फिर मथुरा भी गुज़रे ज़माने की आवोहवा से भरी थी, जिसमें कृष्ण की

---

[1] इंदिरा गांधी के कागज़ात, ने. स्मा. सं. पु.।

[2] अंग्रेज़ी में उस समय मथुरा के जो हिज्जे लिखे जाते थे, उसका उच्चारण यही बनता था।

गाथाएँ थीं और दिलकश और रसीली ब्रज भाषा थी। यह देखना ग़ैरमामूली था कि वहाँ के किसान इस पुरानी संस्कृति और परंपरा से किस तरह जुड़े हुए थे I बातचीत के दौरान वे या तो किसी पुरानी कहानी का हवाला देंगे या तुलसीदास की एक - बाध चौपाई सुना देंगे। बहरहाल, पुरानी संस्कृति में कोई चीज़ है, जो ज़िंदगी को अहमियत और रुतबा देती है।

एक दिन बड़े सवेरे हमारी टोली के कुछ लोग पास के कुएँ पर नहाने गए। कुआँ खेतों के बीच में था और खेत का मालिक किसान या आसामी खेतों के लिए कुएँ से पानी निकालने के लिए अपने बैलों को लेकर आया। वे चमड़े की एक बड़ी बाल्टी का इस्तेमाल करते हैं, जिसे मोट कहा जाता है। जब पहले मोट का पानी निकला तो लोगों ने नहाना चाहा। लेकिन किसान ने उनसे रुकने को कहा, क्योंकि पहले खेत का पानी कन्हैयाजी (यह कितना मीठा नाम है!) को समर्पित था। उसने कहा कि वह पहले पाँच मोटों का पानी कन्हैयाजी तथा अन्य इष्ट देवों के नाम डालना चाहता है, लेकिन किसी भी हालत में पहले मोट के पानी को नहीं छूना चाहिए। उसने कहा कि कभी- कभी लोग आते हैं और पानी की इस पहली खेप को भी छू लेते हैं, जिससे उसे बहुत बेचैनी होती है। लेकिन वह इसके लिए लड़ाई-झगड़ा नहीं करना चाहता और उन्हें मनमानी करने देता है। हमारे लोगों ने कहा कि यक़ीनन वे उसके पुराने दस्तूर में दखल नहीं देंगे। वे लोग कांग्रेसी हैं और कांग्रेस तथा किसानों के बीच सुमति है। किसान ने कहा, हाँ, और फ़ौरन उसने तुलसीदास की एक मशहूर चौपाई दुहरा दी - जहाँ सुमति तह संपति नाना।

मथुरा में मुझे इससे ज़्यादा और किसी बात का अफ़सोस नहीं हुआ कि मैं ब्रज भाषा नहीं जानता। मैंने महसूस किया कि मैं लोगों की जिंदगी से और उनकी संस्कृति की जड़ों से कितना कटा हुआ हूँ, और इस वजह से मैंने कितना कुछ खोया है। और उसी दम मैंने तय किया कि मज़बूरी की तनहाई की अपनी अगली मीयाद में मैं हिंदी और उर्दू का साहित्य पढ़ने में अपना वक़्त गुजारूँगा। आख़िर भाषा ही लोगों के बीच का सबसे नज़दीकी रिश्ता है और वह आईना है, जिसमें उनके दिल और दिमाग़ को देखा जाता है।

हवाई डाक से 'नेशनल हेराल्ड' की कतरनें भेजना कुछ ख़र्चीला है, लेकिन यहाँ की घटनाओं से तुमको वाकिफ़ रखने के लिए यह ख़र्च जायज़ है। हेराल्डवालों से कहा था कि डाकखर्च मैं दे दूँगा, लेकिन उन्होंने बड़ी उदारता से कहा कि वे मुझसे खर्च नहीं लेंगे, क्योंकि बिना मेहनताना लिए मैं अक्सर उनके लिए लिखता रहता हूँ। उनकी बड़ी उदारता है, लेकिन 'नेशनल हेराल्ड' का बोझ आख़िरकार घूम-फिरकर मुझ ही पर आ पड़ता है! लेकिन अगर तुम चाहो, और इससे तुम्हारा मनोरंजन हो, तो 'हेराल्ड' में फिर से छापने के लिए अख़बारों की अच्छी कतरनें भेजकर तुम खुद इसका मुआवजा दे सकती हो। और कभी-कभी, जब तुम ज़्यादा चंगी और बेहतर होओ, तो लड़ाई के

ज़माने में स्विट्ज़रबैंड के हालात के बारे में छोटे मज़मून या कुछ और लिख सकती हो - जितनी बेतकल्लुफ़ी से लिखा जाए, उतना ही अच्छा, बिलकुल जाती ख़त की तरह। तुम अच्छे ख़त लिखती हो। लेकिन अगर तुम यह करना चाहो तो सिर्फ़ विनोद के लिए ही तुम्हें ऐसा करना चाहिए। एक बार लिखने की तरतीब से वाकिफ़ हो जाने पर लिखना दिलचस्प जान पड़ता है

बायर्ड के अभियान[1] के बारे में तुमने जो कतरनें भेजीं, उनके लिए शुक्रिया। इस तरह की चीज़ अच्छी है और उसकी कद्र होनी चाहिए। मेरे विदेशी पत्र फिर आने लगे हैं, लेकिन वे बिलकुल अनियमित रूप से और ढेर-के-ढेर आते हैं। कुछ अंक तो हमारे पास पहुँचते ही नहीं। मुझे 'टाइम' और 'लाइफ़' दोनों मिलते रहे हैं - और ये दोनों ही अमरीका के दोस्तों के उपहार हैं। यह सारी सामग्री पढ़ना कठिन है, ख़ासतौर से जब महीने भर की डाक एक साथ आती है। और फिर वह सब बहुत पुराना भी पड़ जाता 'टाइम' और 'लाइफ़' पर एक नज़र डालने के बाद मैं उन्हें चाँद को मसूरी भेज देता हूँ। इन अमरीकी साप्ताहिक्रों को वह बहुत पसंद करती है। वह और तारा और रीता अपनी जाड़ों की छुट्टियों में जल्दी ही यहाँ आनेवाली हैं।

कल, इलाहाबाद वापस आने के बाद, मैं ढीलाढाला रहा, जैसा कि दौरों से लौटने के बाद मैं रहता हूँ। कुछ घंटों की सुस्ती के बाद मैं ताज़ा दम हो जाता हूँ, इकट्ठी हुई अपनी डाक टटोलता हूँ और आमतौर पर मटरगस्ती करता हूँ। मैं रेडियो के पास बैठ गया, यह बहुत बेकद्री में पड़ा हुआ रेडियो है - और हर तरह के स्टेशनों को सुनने लगा। मैंने कम से कम आधा दर्जन भाषाओं को ज़रूर सुना होगा। अजीब बात थी कि लगभग हर ब्रॉडकास्ट में भारत का हवाला था, कभी तो बड़ी माकूल बातें कही गईं और कभी वे किसी क़दर वाहियात थीं। यह बड़ी ग़ैरमामूली बात है कि भारत की छोटी- सी घटना भी विदेशी ब्राडकास्टों में फ़ौरन पेश कर दी जाती है। जल्दी ही खबरों और टिप्पणियों ने मुझे उबाना शुरू कर दिया और मैं संगीत सुनने लगा। मैंने जी भरकर संगीत सुना और यूरोपीय संगीत के अलावा मैंने चीनी और बाली का संगीत भी सुना। मुझे चीनी संगीत, या उनमें से कुछ गीत, पसंद हैं, लेकिन बाली का संगीत मुझे ख़ासतौर पर अच्छा लगता है। वह किसी क़दर विषादपूर्ण होता है, जैसा कि पूरब का ज्यादातर संगीत हैं, लेकिन फिर भी वह ख़ुशग़वार और तस्कीन देनेवाला होता है। और इस तरह, मैंने रेडियो के साथ लगातार ढाई घंटे बिताए।

---

[1] रिचार्ड एवेलिन वायर्ड (1888 -1957); अमरीकी जहाज़ी अफ़सर, विमान- चालक और अन्वेषक; 1929 1933-35, 1939-41 और 1946-47 में दक्षिणी ध्रुव के चार अभियानों का नेतृत्व किया।

मैं समझता हूँ कि सर स्टैफर्ड क्रिप्स यहाँ 8 दिसंबर को पहुँच रहे हैं। कृष्ण ने इत्तिफ़ाकिया इस तारीख़ का जिक्र किया था और देर से मिली इस ख़बर से मैं किसी क़दर घबरा गया हूँ, जिससे मेरे प्रोग्राम में गड़बड़ी पैदा होगी। क्रिप्स या कृष्ण से मैंने ज़्यादा व्यावहारिकता की और काफ़ी पहले केबल भेजने की उम्मीद की थी।

18 दिसंबर को वर्धा में वर्किंग कमेटी की बैठक हो रही है। इसका मतलब है कि उस वक़्त मैं एक हफ़्ते के लिए ग़ैर-हाज़िर रहूँगा - शायद बाद में मैं बंबई जाऊँगा।

प्यार।

**तुम्हारा प्यारा,**

**पापू**

# 44. इंदिरा नेहरू को[1]

**13 दिसंबर, 1939**

**प्यारी इंदु**

हमने तीन सरगर्मी-भरे दिन गुज़ारे हैं। स्टैफ़ोर्ड क्रिप्स और उनके राक्रेटरी ज्योफ्रे विल्सन हमारे साथ ठहरे थे और आस-पास के नगरों के बहुतेरे लोग उनसे मिलने के लिए आए थे और घर बेहतर भरा हुआ था। मसूरी से बच्चे भी आ गए हैं। बेचारे क्रिप्स तो अपने दौरे की शुरुआत से ही बेतरह थक गए हैं। मुझे हैरानी है कि अगले दो हफ़्ते वह कैसे गुज़ारेंगे। उन्होंने अपना सफ़र बुरे तौर पर शुरू किया। इटली में एक स्लीपर में उनके साथ हादिसा हो गया। वह ऊपर के बर्थ से गिर पड़े और उन्होंने तक़रीबन एक पसली तोड़ ली! वह अभी दिल्ली गए हैं। उसके बाद वह लाहौर और तब बंबई जाएँगे। मैं खुद आज बंबई जा रहा हूँ...

पचास साल मुझे ज़्यादा परेशान नहीं करते, इसलिए तुम चिंता मत करो। मुझे एक ज्योतिषी (जिसने ख़ानदान की ज़्यादातर जन्म-कुंडलियाँ बनाई हैं) के निर्दोष प्रमाण के साथ बताया गया है कि अब मैंने एक ऐसी दशा में प्रवेश किया है, जो चंद्रमा के प्रभाव में है और यह मेरे लिए बहुत अच्छा है।

फिर किसी और ने मुझसे कहा कि उन्होंने मेरी क्रियाशीलता का पता लगा लिया है। वह काइरो के भक्त हैं और उन्होंने अंक - सिद्धांत का गहरा अध्ययन किया है। ऐसा लगता है कि मैं 5 के अंक के प्रभाव में हूँ, क्योंकि मेरी पैदाइश 14 तारीख़ को हुई थी (1+ 4 = 5) 5 का अंक क्रिया शीलता का सूचक है। तो अब तुम जान गई हो।।।

क्रिप्स के सम्मान में हम लोगों ने कई चीनी तस्वीरें और बिनावटवाले सिल्क ड्राइंग रूम में लगा दिए हैं। वे मनोहर दीखते हैं और कमरे में उनसे एक ख़ासियत आ जाती है....

पिछले छह हफ़्तों से हमारे यहाँ एक पठान लड़का रह रहा है। उसका नाम यूनुस[2] है। अब्दुल गफ़्फ़ार खाँ ने किसी तरह की ट्रेनिंग के लिए उसे मेरे पास भेजा है। वह बहुत

---

[1] इंदिरा गांधी के कागज़ात, ने. स्मा. सं. पु.। कुछ उद्धरण

[2] मोहम्मद यूनुस ( जन्म, 1916); भारतीय सेवा के सदस्य, 1947-74; प्रधानमंत्री के विशेष दूत, 1974-1977।

प्यारा लड़का है। लेकिन तुम्हें जिस बात में दिलचस्पी होगी, वह यह है कि उसके 41 भाई - बहन हैं- कुल मिलाकर वे 42 है। बाप एक है, लेकिन मैं समझता हूँ कि सात या आठ माँएँ हैं। उसकी उम्र 22 साल की है, उसका सबसे बड़ा भाई 70 का है। मुझे समझना चाहिए कि यह एक रेकार्ड है। जो भी इसके बारे में सुनता है, ढेर हो जाता है।

तुम जल्दी ही स्विसे जा रही होगी, और शायद यह ख़त तुम्हारे पीछे- पीछे वहाँ पहुँचे। मुझे उम्मीद है कि स्विसे का अपना पता तुम मुझे केबल से भेजोगी।

मैं अपने हाल के खींचे कुछ फ़ोटोग्राफ़ भेज रहा हूँ। ताज़ की तस्वीर चाँदनी में खींची गई थी।

प्यार।

**तुम्हारा यारा,**

**पापू**

# 45. इंदिरा नेहरू को[1]

**5 जनवरी, 1940**

**प्यारी इंदु,**

लेसिन से 22 दिसंबर को भेजा तुम्हारा ख़त मुझे 2 जनवरी को, मेरे इलाहाबाद वापस आने पर, मिला। यह एक या दो दिन पहले आया था। इस तरह इसमें एक हफ़्ते से कुछ ही ज़्यादा वक़्त लगा - चिट्ठियों को इंग्लैंड से भारत आने में जितना वक़्त लगता है, उससे बहुत कम। यह सुकून देनेवाली बात है।

मुझे ख़ुशी है कि तुमने लेसिन और डॉ. रोलियर को पसंद किया। उनके बारे में तुमने जो कुछ लिखा है, उससे जान पड़ता है कि वह आकर्षक और होशियार आदमी हैं। अब मैं उत्सुकता से इंदिरा नेहरू को डायना के बदले हुए रूप में देखने की प्रतीक्षा कर रहा हूँ।

कई दिन पहले, एक स्काउट मेला में शामिल होने के लिए, मैं अमृतसर में था, जहाँ एक ऐसी दुर्घटना से बाल-बाल बच गया, जो संगीन हो सकती थी। पंजाब की भीड़ें हैरतअंग्रेज़ तौर से ज़बर्दस्त और अनुशासनहीन होती हैं। वे प्यार और उत्साह से भरे होते हैं, लेकिन कोई अनुशासन नहीं मानते। यह अचरज़ की बात है, क्योंकि पंजाब सैनिक प्रांत माना जाता है। मैं लगभग तीन बरसों के बाद अमृतसर गया था और स्काउट मेला आकर्षक था। सारे भारत से लगभग 7,000 स्काउट वहाँ इकट्ठे हुए थे- लड़के और लड़कियाँ दोनों ही — और बहुत चुस्त दीख रहे थे। अमृतसर ने एक दिन की छुट्टी मनाना तय किया और उस दिन सारी दूकानें बंद थीं। मर्द और औरतों की भीड़ स्काउट इलाक़े में भर रही थी। एक बहुत बड़े मैदान के बाहर उनको क़तार में खड़ा कराया गया। मैदान में परेड और तरह-तरह की कसरतें होनेवाली थीं। सब कुछ सुव्यवस्थित जान पड़ता था। नाकाबंदी कर दी गई थी और भीड़ को बाहर रखने के लिए स्काउटों की आठ कतारें थीं। मैं वहाँ पहुँचा और मैदान के बीच में गया और अचानक भीड़ दौड़ पड़ी। उसने सारे घेरे तोड़ डाले, स्काउटों को एक तरफ ढकेल दिया और मैदान में तमाम लोग भर गए। नारे लगाते, उत्साह से भरे एक लाख से ज़्यादा लोगों ने मुझे घेर लिया। उन्हें अलग हटाना नामुमकिन था और उस दिन का प्रोग्राम शुरू नहीं हो सका। मैंने घोड़े पर बैठकर उस उमड़ती हुई भीड़ से निकलने का फ़ैसला किया। एक बढ़िया, जानदार घोड़ा पेश किया

[1] इंदिरा गांधी के कागज़ात, ने. स्मा. सं. पु.।

गया। वह बिलकुल नामुआफिक था, क्योंकि भीड़ का आदी नहीं था। वह लगातार भड़कता रहा और पिछली टाँगों पर खड़ा होता रहा। अचानक भीड़ में भगदड़ मच गई और घोड़ा डर गया और इस तरह पिछली टाँगों पर खड़ा होने लगा कि उसने संतुलन खो दिया और वह गिर गया। पलक झपकने से भी कम वक़्त में मैंने उस जानवर के भारी बोझ के नीचे अपने को कुचलते देखा। जिंदगी-भर के लिए अपंग होने की तस्वीर मेरी आँखों के सामने खड़ी हो गई। यह अचरज़ की बात है कि पल भर के एक बहुत छोटे हिस्से में भी मेरी आँखों के सामने से कितनी तस्वीरें गुज़र गईं। इस बीच मौक़े की सूझ और पुरानी आदत ने काम किया और घोड़ा ज़मीन से लगे इसके पहले ही मैंने अपने को बाहर खींच निकाला। वह ज़रा देर लोटा और उसके बदन से मेरा पैर दब गया - ज़्यादा नहीं, वरना पैर कुचल गया होता। ज़रा देर पहले जिस रकाब में मेरा पैर था, वह पूरी तरह मुड़ - तुड़ गया। मैं उठा तो मेरे पैर में थोड़ा दर्द था, नहीं तो मैं ठीक-ठाक था और फ़ौरन फिर घोड़े पर सवार हो गया। मैं समझता हूँ कि शान दिखाने के लिए, लेकिन कुछ इसलिए भी कि चलना थोड़ा तकलीफ़देह था। उसके बाद से मेरा पैर लगभग पूरी तरह से ठीक हो गया है।

एक दिन के लिए मैं लाहौर भी गया था और वहाँ एक बहुत बड़ी सभा में मैंने भाषण किया। वहाँ भी वही अनुशासन का अभाव और बुरा इंतज़ाम। जब कभी मैं लाहौर जाता हूँ, मैं इफ़्तिख़ारुद्दीन (ऑक्सफ़ोर्डवाले) के साथ ठहरता हूँ और बहुत-से मुस्लिम नौजवान मर्दों और औरतों से मिलता हूँ। यह अचरज की बात है कि मुस्लिम उच्च मध्यम वर्ग की नौजवान औरतें किस तरह समाजवाद की ओर खिंच रही हैं। या कम-से-कम वे ऐसा समझती हैं कि खिंच रही हैं। इसको लेकर कितने ही घरों में तनातनी है। लेकिन समाजवाद का यह सैद्धांतिक समर्थन जीवन के आनंदों की राह नहीं रोकता और लाहौर में यह अनंद खोखले और बर्दाश्त न करने लायक़ दावतों और नाच के दौर से भरा है।

बंबई में बेट्टी के यहाँ जो गोल-मटोल कुतिया सैफो थी, क्या तुम्हें उसकी याद है? वह बढ़ती रही, बढ़ती रही और पिछले महीने लगभग डेढ़ साल की हो गई थी। हम सभी उसे बहुत प्यार करते थे और जब कभी मैं बंबई जाता था, उसे देखने और उसके साथ खेलने की राह देखा करता था। राजा उस पर जान छिड़कते थे - हर्ष और अजित उसके साथ हर तरह की छूट लेते थे। अचानक उस बेचारी में रेबीज़ (जलांतक) के लक्षण दिखाई पड़े और दो दिनों के अंदर वह चल बसी। बेट्टी और राजा का दिल टूट गया। ठीक उसी वक़्त नान, चाँद, तारा और रीता भी वहीं थीं। इसलिए, तब से हर एक को - बेट्टी और नान के परिवार को - रोज किसी तरह के ऐंटीरेबीज़ सीरम के इंजेक्शन लग रहे हैं। सैफो ने किसी को काटा नहीं था, लेकिन वह हमेशा लोगों के हाथ चाटती रहती थी।

और कभी-कभी खरोंच भी लेती थी। यह एक बड़ी दुर्घटना थी। मैं नहीं समझता कि मैं कुत्ता पाल सकता हूँ। वे बहुत जल्दी मर जाते हैं।

मैं नंदिता[1] की एक अच्छी-सी तस्वीर भेज रहा हूँ, जिसे मैंने कई महीने पहले खींचा था। यह सिर्फ़ तुमको यह जतलाने के लिए है कि फ़ोटोग्राफी की कला में मैं कितना माहिर होता जा रहा हूँ। वह मेरे कमरे में खिड़की से बाहर झुक रही है और पीछे की ओर वह दरवाज़ा है, जो तुम्हारे कमरे में जाता है।

क्या मैंने तुम्हें बताया है कि मैंने 'हेराल्ड' की कतरनों को हवाई डाक से तुम्हारे पास भेजना बंद करा दिया है? अब पूरा अख़बार समुद्री रास्ते से लेसिन जाया करेगा।

प्यारा।

**तुम्हारा प्यारा,**
**पापू**

---

[1] कृष्ण कृपालानी की पत्नी और रवींद्रनाथ ठाकुर की पोती।

# 46. इंदिरा नेहरू को[1]

**16-1-1940**

**प्यारी इंदु,**

मैंने लगभग दस दिनों से तुम्हें ख़त नहीं लिखा है। क्योंकि लगभग इस पूरे वक़्त में मैं सं. प्रा. के कुछ उत्तर- पच्छिमी जिलों का तेज़ दौरा कर रहा था - अलीगढ़, बुलंदशहर, मेरठ, मुजफ्फरनगर, सहारनपुर और मुरादाबाद का यह दौरा पुराने ढंग का था, एक से दूसरे नगर में, गाँव-गाँव में जाना, बड़ी-बड़ी सभाओ में भाषण देना, रास्ते में अनगिनत जगहों पर किसानों की टोलियों से रोका जाना। दिन का काम बहुत सवेरे से शुरू होता था और देर रात तक, कभी-कभी दो बजे के बाद तक चलता था। मैं बेहद थक जाता था और इतनी ताक़त नहीं जुटा पाता था कि उस वक़्त ख़त लिखूँ। इसी से मैं तुम्हें नहीं लिख सका। मैं कल वापस आया और मुझे 2 जनवरी का तुम्हारा पत्र मिला। मैं फ़ौरन तुम्हें जवाब देना चाहता था, लेकिन मिलनेवालों की भीड़ मुझे मशगूल किए रही और दौरे की थकावट से थोड़ा-बहुत छुटकारा पाने के लिए मैं जल्दी ही सो गया।

ऐसे दौरे सचमुच थकानेवाले होते हैं, लेकिन वे ताज़गी देनेवाले भी होते हैं, कम-से-कम मुझे ऐसा लगता है। हमारे किसानों का समूह अपनी ग़रीबी से मुझे उदास बनाता है, लेकिन उनके उत्साह में आकर्षण है। शहरों के मुर्दादिल और मुबाहसा- पसंद लोगों की बनिस्बत मैं अपने-आपको ज़्यादा- से-ज़्यादा उनके साथ एकरस होता अनुभव करता हूँ। यहाँ तक कि धरती से किसानों के लगाव की भी मैं थोड़ी-सी कद्र करने लगा हूँ। भली धरती में कुछ ठोस, कुछ असली, कुछ मुस्तकिल है, जो इन दिनों में दिलासा देता है, जबकि और सारी चीजें तेज़ी से गुज़रती जान पड़ती हैं। लड़ाइयाँ छिड़ सकती हैं और इनसानियत को ख़त्म कर दे सकती हैं, लेकिन मौसम वक़्ती सिलसिले से एक-दूसरे के बाद आते रहेंगे, फूल खिलते रहेंगे, और धरती अनाज पैदा करती रहेगी, और खेत बा - अम्न और ख़ुश दीखते रहेंगे। मैंने भली धरती की पुकार सुनी और इस धरती से चीज़ों को उगता देखने का ख़ुशी महसूस की।

मैंने जिन जिलों का दौरा किया था, निस्बतन वे धनी हैं और गोरखपुर और बलिया - जैसे हमारे उन पूरबी जिलों के मुकाबले बहुत अच्छी हालत में हैं, जहाँ आख़िरी दर्जे

---

[1] इंदिरा गांधी के कागजात, ने. स्मा. सं. पु.

की ग़रीबी है और जो भीड़ें इकट्ठी होती हैं, वे अधनंगी होती हैं। यह ग़रीबी ज़ालिमाना और ग़मख़ेज़ है, ख़ास तौर पर जाड़े के इन महीनों में, जब उनके पास तन ढँकने के लिए एक सूती चादर के सिवा और कुछ नहीं होता। लेकिन हमारे उत्तरी जिलों में, जैसे पंजाब में भी, रहन-सहन का तरीक़ा कुछ ऊँचा है और वहाँ के लोग ढंग के कपड़े पहनते हैं। आनेवाले किसानों में से कितनों ही के पास, ठंड से बचने के लिए मोटी रज़ाइयाँ थीं। वे देखने में भी तंदुरुस्त थे। अक्सर वे कई मील की दूरी से बीवी-बच्चों के साथ अपनी बैलगाड़ी पर आए थे। सैकड़ों की तादाद में ये बैलगाड़ियाँ हमारी सभा को घेर लेती थीं, जिससे वह जगह किसी पड़ाव या मेले की तरह दीखने लगती थी।

जाट अपने इलाक़े में ताक़तवर हैं। वे शायद किसी और गुट की बनिस्बत धरती से ज़्यादा जोशीले तौर पर बँधे हुए हैं। भारी-भरकम मौसम झेले हुए और देखने में अच्छे लगनेवाले वे लोग देहाती मंज़र के हिस्से-जैसे ही हैं। जब भी मैं इन देहाती इलाक़ों में जाता हूँ, मैं इनसानियत के जिस ख़ूबसूरत नमूने को देखता हूँ, उससे मुझे ख़ुशी के साथ अचरज होता है। वहाँ की युवतियाँ आकर्षक हैं और लड़के बहुत ख़ूबसूरत हैं। अपने बोझिल प्रोग्राम के बावजूद मैं लगभग हर सभा में बच्चों के साथ कुछ मिनट बिताने का इंतज़ाम कर लेता हूँ। मुझे काफ़ी तादाद में गज़रे दिए जाते हैं और मैं उन्हें बच्चों के पास ले जाता हूँ और उनमें बाँट देता हूँ। कभी-कभी तो छोटा-मोटा दंगा हो जाता है, जब बच्चे मुझे चारों ओर से घेर लेते हैं और हर बच्चा एक गजरे की माँग करता है। लेकिन अफ़सोस, कभी इतने गजरे नहीं होते कि सबको दिए जा सकें।

वापसी में मैंने कुछ घंटे लखनऊ में गुजारे थे। वहाँ उदयशंकर कंपनी का प्रोग्राम हो रहा था और वहाँ से एक डेपुटेशन आकर मुझसे मिला था, जिसने मुझे उनका प्रोग्राम देखने के लिए बुलाया। यह मौका पाकर मुझे ख़ुशी हुई और मैं वहाँ गया। मुझे शो अच्छा लगा, लेकिन मुझे मानना चाहिए कि मैं उससे उतना प्रभावित नहीं हुआ, जितना हुआ करता था। उसमें एक नया आइटम था, या कि आइटमों की एक श्रृंखला थी - जीवन की लय। यह एक उच्चाकांक्षी विषय है। संकल्पना अच्छी है और भूमिकाओं का निर्वाह भी बुरा नहीं था। इससे संबद्ध प्रोग्राम का एक हिस्या मैं इसके साथ भेज रहा हूँ।

मैं अच्छी तरह समझ सकता हूँ कि ज़्यादातर वक़्त बिस्तर पर बिताना तुम्हारे लिए कितना उबाऊ होगा। लेकिन मैं समझता हूँ कि पहले महीने के बाद तुम धीरे-धीरे ज़्यादा-से-ज़्यादा उठने-बैठने लगोगी। बिस्तर पर पड़े रहने से आदमी कमज़ोर और बेजान बन जाता है, लेकिन फेफड़ों को आराम देने के लिए इसकी ज़रूरत होती है, ताकि वे मज़बूत हो सकें। दूसरे शब्दों में फ़िलहाल तुम्हारे शरीर के आराम की कुछ हद तक इसलिए अनदेखी की जा रही है कि फेफ़ड़ों और फेफड़े के परदों पर ज़्यादा तवज्जोह दिया जाए। निर्माण के लिए ठोस नींव डालने के बाद सामान्य विकास पर ज़्यादा ज़ोर दिया जा

सकता है। पहले दौर में जल्दबाज़ी करने से बाद के नतीजों में कमी हो सकती है। मुझे यक़ीन है कि जैसे ही तुम चलने-फिरने लगोगी, तरक़्क़ी तेज़ी से होगी। फेफड़ों और उनके परदों को जैसा होना चाहिए, चूँकि पहले वे वैसे नहीं थे, इसलिए कोई पुख़्ता चीज़ उन पर नहीं खड़ी की जा सकती। इस मामले में कसूरवार मैं हूँ, क्योंकि बेसब्र होने और खुद मज़बूत ज़िस्म का होने की वजह से दूसरों को भी दूर तक ढकेल ले जाने की मेरी रुझान है। इसलिए ऐसे मामलों में मैं अपनी राय पर भरोसा नहीं करता। जैसा रोलियर ने तुमसे कहा है, तुम्हारे फेफड़ों की ताक़त कम है, और इसको बढ़ाना है। जब समय आएगा तो साँस की कसरतों के जरिए यह काम किया जाएगा। लेकिन तुम ऐसी कसरतें शुरू करो, उससे पहले फेफड़ों को आराम कर लेना चाहिए और उन्हें दुरुस्त होना चाहिए। इसलिए कुछ दिनों या कुछ हफ़्तों की देर की फ़िक्र मत करो। ज़रूरी यह है कि सेहत के लिए मज़बूत और टिकाऊ नींव डाली जाए। तुम बहुत अच्छे हाथों में हो और मुझे संतोष है कि तुम्हारी देख-भाल ठीक ढंग से हो रही है।

बेशक, साँस की कसरतों के लिए तुम्हें डॉ. रोलियर की सलाह पर चलना होगा और उनके तरीक़े को सीखना होगा। मैंने तुम्हें जो हिदायतें भेजी थीं वे डॉ. रोलियर के देखने के लिए थीं। दरअसल बिरजूभाई के नोट से यह पता चलता है कि बाक़ायदा साँस कैसे लेनी चाहिए। उसमें कोई उलझन भरी बात नहीं है, गो कि बयान लंबा है। कई बरसों से कभी-कभी साँस की ये कसरतें मैं करता रहा हूँ। जब मैं थक जाता हूँ, तो उनसे मुझे ताज़गी मिलती है।

जब तक तुम बिस्तर पर हो, तुम्हारा वज़न ज़्यादा बढ़नेवाला नहीं है। सिर्फ़ एक महीना बिस्तर पर रहना ही वज़न को बढ़ाने लगता है और ब्रेंटफ़ोर्ड में तो तुम काफ़ी अर्से तक बिस्तर पर रही थीं। जब तुम चलने- फिरने लगोगी, वज़न तेज़ी से बढ़ेगा।

मैं कभी ज़्यादा बीमार नहीं पड़ा, न मुझे ज़्यादा दिन बिस्तर पर ही रहना पड़ा। लेकिन मैं लंबे अर्से तक तनहाई में, छोटी-सी जगह में, क़ैद रहा हूँ इसलिए इस तरह की चीज़ का मुझे काफ़ी तज़रबा है। जेल में सामान्य और होशो-हवास में बने रहने का सिर्फ़ एक ही रास्ता है कि आदमी अक़्ली तौर पर और ज़िस्मानी तौर पर विचारों में जिए और साथ ही किसी दस्तकारी में लगा रहे। इनसान को अपने दिमाग़ी और जिस्मानी संतुलन बनाए रखना चाहिए, फिर कोई फ़र्क़ नहीं पड़ता। यक़ीनन मैं समझता हूँ कि आदमी के लिए यह निहायत उम्दा ट्रेनिंग है और उसकी बाद की ज़िंदगी में बड़ी मददगार साबित होती है। आधुनिक स्थितियाँ बहुत गड़बड़ी पैदा करनेवाली हैं, क्योंकि वे तेज़ी से एक के बाद एक आवेश और सनसनी पैदा करती हैं और संतुलन नहीं बनने देतीं। इसीलिए आरामदेह और घटना - रहित वक़्तों की क़ीमत बहुत ज़्यादा है। घबराओ मत, न दिल ही छोटा करो। यह तुम्हारे योग्य नहीं है। मैं जानना चाहता हूँ कि क्या तुमने कोई ख़ास काम

हाथ में ले लिया है-दिमाग़ी और ज़िस्मानी दोनों ही। इस तरह का कोई काम अगर लगातार किया जाए तो बहुत मददगार होता है।

अमृतसर में मेरे पैर में जो हल्की चोट लगी थी, वह अभी पूरी तरह से ठीक नहीं हो सकी है। अगर मैंने इसे तीन दिन भी आराम दिया होता तो यह बहुत जल्दी अच्छा हो गया होता। लेकिन मैं लगातार दौरे करता रहा- कभी-कभी तो भीड़ में भाग-दौड़ और धक्का-मुक्की भी। हम बूढ़े हो जाते हैं। मैं अपने बारे में कोई फ़ैसला नहीं कर सकता, लेकिन अक्सर अपनी उम्र के दूसरे लोगों को उम्र के निशान ज़ाहिर करते देखकर मुझे अचरज़ होता है। नान के सभी बाल अब लगभग सफेद हो गए हैं। बेट्टी उम्र - रसीदा हो गई है।

लगभग दस दिनों में अखिल भारतीय महिला सम्मेलन का अधिवेशन इलाहाबाद में हो रहा है। इसकी वजह से बहुत दौड़-धूप हो रही है और इलाहाबाद की महिलाओं में बड़ा जोश है। बड़े पैमाने पर इंतज़ाम हो रहे हैं। आनंद भवन पर बहुतेरे मेहमानों का हमला होगा।

मैं वर्किंग कमेटी की मीटिंग के लिए कल वर्धा जा रहा हूँ। हमें इन लंबी यात्राओं पर कितना वक़्त लगाना पड़ता है!

प्यार।

**तुम्हारा प्यारा,**

**पापू**

# 47. इंदिरा नेहरू को[1]

**23 जनवरी, 1940**

**प्यारी इंदु,**

आज सवेरे मैं वर्धा से वापस आया हूँ। फ़िलहाल मैं यहाँ अपने को किसी क़दर असंगत अनुभव कर रहा हूँ। अ. भा. महिला सम्मेलन की तस्वीर मुकम्मल हो रही है और हमारा घर प्रमुख डेलिगेटों से भर जाएगा, आंशिक रूप से तो अभी ही भर रहा है। सम्मेलन की अध्यक्षा श्रीमती हामिद अली (ख़ाविंद सहित ), रानी राजवाड़े, अमृत कौर, सरोजिनी नायडू, पद्मजा, पापी, मृदुला और शायद कुछ और लोग यहाँ ठहरेंगे। सम्मेलन का कैंप दरभंगा भवन में है और एक सौ से ज़्यादा डेलिगेटों को वहाँ ठहराया जाएगा। यहाँ ज़बर्दस्त दौड़-धूप और क्रियाशीलता है और औरतें आवेश में हैं और एक दूसरी पर चीख़ - चिल्ला रही हैं। एक हफ़्ता ऐसा ही चलेगा।

गुंथर दंपति ने जेम्स थर्बर की एक प्यारी क़िताब मुझे भेजी है : 'द लास्ट फ़्लावर'। मेरा जी चाहा कि मैं फ़ौरन तुम्हारे लिए एक प्रति का आर्डर भेज दूँ, क्योंकि निश्चय ही तुम इसे बहुत पसंद करोगी। लेकिन लड़ाई के इन दिनों में क़िताबें भेजना मुश्किल है। 'लाइफ़' के हाल के किसी अंक में थर्बर की कुछ तस्वीरें और आलेख छपे हैं। ये दो पन्ने मैं इसके साथ भेज रहा हूँ। उससे तुम्हें क़िताब की कुछ बानगी मिलेगी।

क़िताबों के लिए तुम क्या करती हो? मैं समझता हूँ कि तुम कुछ क़िताबें अपने साथ ले आई हो और फिर मादमाज़ोल हेमरलिन ने कुछ भेजी हैं। मेरी बनिस्बत तुम्हारे लिए यह आसान है कि तुम इंग्लैंड के बुक सेलरों से सीधा इंतज़ाम कर लो। मैंने तुम्हारे लिए, अमरीका की 'लाइफ़' और 'टाइम' को ऑर्डर देने का ख़याल किया था, लेकिन फिर मैंने यही सोचा कि अगर तुम उन्हें पसंद करती हो तो खुद उन्हें मँगा लेना तुम्हारे लिए आसान है। क्या तुम्हें 'नेशनल हेराल्ड' मिल रहा है? यह मामूली डाक से हर हफ़्ते जा रहा होगा।

आज मुझे 'लाइफ़' का वह अंक मिला है, जिसमें गुंथर का लेख 'नेहरू ऑफ़ इंडिया' और वह क्लोज़ अप तस्वीर छपी है, जिसके बारे में तुमने मुझे लिखा था। मैं हैरान हूँ कि यह बड़ी तस्वीर उन्हें कहाँ से मिल गई।

---

[1] इंदिरा गांधी के कागज़ात, ने. स्मा. सं. पु.।

अचानक मैं ऐसा महसूस करने लगा हूँ कि मुझे कुछ ख़ास काम नहीं करना था - कुछ वैसा ही अहसास मुझे उस वक़्त हुआ था, जब मैं भारत से बाहर था। भारत में और सारी दुनिया में अजीब बातें हो रही हैं और तरह- तरह के शुबह मेरे अंदर घर कर रहे हैं। मैं तमाशबीन का रोल अदा करना पसंद नहीं करता, मगर दूसरा कोई ज़ाहिर काम करने को है भी नहीं। बेशक, कितने ही तरह के काम बहुत हैं, लेकिन यह सब निहायत बेकार जान पड़ता है। शायद यह तुम्हें देखने की ख़्वाहिश है, जो मुझे इतना बेचैन बना रही है। लेकिन जो भी हो, मुझे तो न अभी छुटकारा है, न निकट भविष्य में।

मुझे उम्मीद है कि तुम्हारी तरक़्क़ी जारी है। तुम्हारे लंबे आराम के बाद, तब्दीलियों और कसरतों को ग़ालिबन धीमे होना चाहिए, लेकिन जब तक उनका यक़ीन है, सब कुछ भले के लिए है। मुझे पूरा यकीन है कि ज्यों ही तुम चलने-फिरने लगोगी, तरक्की बड़ी तेज़ी से होगी। शुरू की धीमी रफ़्तार के लिए तुम फ़िक्र न करो। तुम्हें पक्की बुनियाद डालनी है और क़ुदरत आम तौर पर बहुत सुस्त है और ग़लतियों को आसानी से माफ नहीं करती। मैं समझता हूँ कि रोलियर को दवा पर बहुत भरोसा नहीं है। ज़्यादा बातें वह क़ुदरत पर और सावधानी के साथ खान-पान पर छोड़ देते हैं

यहाँ स्मारक अस्पताल की इमारत तेज़ी से तैयार हो रही है। पिछले हफ़्ते गवर्नर इसे देखने आए थे और फिर उन्होंने बगल के आनंद भवन में आने की ख़्वाहिश जाहिर की। वह आए और उन्होंने यहाँ कुछ वक़्त गुज़ारा। उस समय मैं वर्धा में था। उनके आने से ख़ासी सनसनी फैल गई और तरह-तरह के ना - समझी भरे और नाजायज नतीजे निकाले गए है।[1]

चाँद, तारा और रीता यहीं हैं और उनके साथ खेलना मुझे अच्छा लगता है। ये ख़ुशमिज़ाज बच्चे हैं।

क्या मैं तुम्हें कोई चीज़ भेज सकता हूँ - पत्रिकाएँ या कोई और चीज़, जो भारत और भारत की चीज़ों से तुम्हारा ताल्लुक़ बनाए रहे?

प्यार।

**तुम्हारा प्यारा,**
**पापू**

---

[1] देखिए, भाग - 4, शीर्षक - 201

# 48. इंदिरा नेहरू को[1]

**4 फ़रवरी, 1940**

**प्यारी इंदु,**

शोर-गुल और भाग-दौड़ ख़त्म हो गई है और अखिल भारतीय महिला सम्मेलन के लिए जो औरतें इलाहाबाद में इकट्ठी हुई थीं, वे मुख्तलिफ़ सूबों में अपने-अपने घर चली गई हैं। आनंद भवन फिर ख़ामोश हो गया है। मेहमानों और दौड़-धूप के इन दस दिनों में मेरा अपना रोजाना का प्रोग्राम बहुत गड़बड़ हो गया था, गोकि सम्मेलन से मुझे कुछ भी लेना-देना नहीं था। लेकिन बहुत-सी दोस्त और पुरानी मुलाक़ातवाली महिलाएँ आई थीं और मुझे उनसे मिलना होता था, और फिर आनंद भवन को देखने और यहाँ की ख़ास दर्शनीय चीज़ की जाँच करने के लिए बस भर-भरकर औरतें आती थीं। वे सभी बहुत भली थीं और उनमें से बहुतों से मिलना सुखकर था, जिन्हें मैंने बहुत बरसों में कभी-कभी जाना था, लेकिन इस सारे हफ़्ते मैंने अपने को बहुत अकेला और किसी क़दर उदास महसूस किया। मुझे लगातार तुम्हारा ख़याल आता रहा और तुम्हें देखने की ख़्वाहिश मुझे जकड़े रही।

जो चीनी बौद्ध मिशन भारत का दौरा कर रहा है, उससे मिलने के इरादे से, दो दिनों के लिए, मैं बनारस चला गया था। हमने उनका अच्छा स्वागत किया और फिर एक बड़ा जुलूस निकला और एक बहुत बड़ी सभा हुई। वह दिन हमने अशोक दिवस के रूप में मनाया। मेरे पास मटरगश्ती करने का वक़्त नहीं था, गोकि मैंने वैसा करना पसंद किया होता, फिर भी मैं दुबारा सारनाथ चला गया। मिशन और ख़ास तौर पर उसके नेता आदरणीय मठाधीश ताइशू के साथ मेहनती बातचीत में दो घंटे गुज़रे, क्योंकि किसी दुभाषिए के जरिए की जानेवाली सभी बातचीत बोझिल और थकानेवाली होती है। बूढ़े मठाधीश - लेकिन वह बूढ़े बिलकुल नहीं दीखते थे- दिलचस्प थे और उनका चेहरा भोले बच्चे - जैसा था। मैं चीनियों को जितना ज़्यादा देखता हूँ, मैं उन्हें उतना ही ज़्यादा पसंद करता हूँ।

अगर चीनी सरकार रज़ामंद हो तो महिला सम्मेलन चीन के लिए एक छोटा डेलिगेशन भेज सकता है।

---

[1] इंदिरा गांधी के कागज़ात, ने. स्मा. सं. पु.। कुछ उद्धरण।

महिलाओं की जो भीड़ यहाँ आई थी, उनमें से जिनको मैं जानता था उन्होंने और जिनको मैं नहीं जानता था उन्होंने भी, मुझसे कहा कि मैं तुम्हें उनका प्यार भेज दूँ।

आज वह दिन है, जिसे सं. प्रां. में साक्षरता दिवस कहते हैं। पिछले साल इसे कांग्रेस सरकार ने शुरू किया था और इसे अच्छी कामयाबी हासिल हुई है। आज उसकी सालगिरह थी और बहुत सबेरे से ही स्कूली बच्चे जोर-शोर से नारे लगा रहे थे - निरक्षरता मुर्दाबाद। इन बच्चों और बड़ों को अनपढ़, मज़दूरों और दीगर लोगों को पकड़कर उन्हें पढ़ना और लिखना सिखाने की कोशिश करते देखना बड़ा जोश पैदा करता है।

आज रात मैं दो दिनों के लिए लखनऊ जा रहा हूँ-वहाँ से बंबई जाऊँगा। मुख्तलिफ़ कमेटी मीटिंगों में या दूसरे समारोहों में शामिल होने के लिए मैं एक जगह से दूसरी जगह का दौरा करता रहता हूँ और कोशिश करता हूँ कि जहाँ तक हो सके उन कामों को ठीक तरह से अंजाम दूँ, लेकिन मेरा दिमाग़ कहीं और होता है और दिल कहीं और ज़्यादा दूर। मेरे दिमाग़ में शक रेंग आता है कि यह सब किसी काम का है भी या नहीं। फिर भी मैं यह सब करता हूँ, जैसे कि दूसरे बहुत-से लोग करते हैं। पिछले एक या दो साल से मैं समारोहों में शामिल होने से कतराता रहा हूँ और सिर्फ़ उन्हीं समारोहों में जाना मैंने मंजूर किया है, जिन्हें टाला नहीं जा सकता - मैंने जो जिम्मेदारियाँ ले रखी हैं, उन्हें पूरा किया जाना चाहिए। मेरी मर्ज़ी के ख़िलाफ़ जिम्मेदारियाँ बढ़ती जाती हैं और क़िस्मत की कुंडली मुझे जकड़ लेती है। यह नहीं कि मैं उनसे बचना चाहता हूँ, लेकिन भविष्य इतना अनिश्चित है कि काम करने का उत्साह मंद पड़ जाता है। किस लक्ष्य को पाने के लिए काम किया जाए? कितनी ही बार मेरी ख़्वाहिश होती है कि कुछ वक़्त के लिए मैं कहीं दूर-दराज़ की अकेली जगह में चला जाऊँ, जहाँ मैं पढ़ और लिख सकूँ और जहाँ कोई काम न हो, मुलाक़ाती न हो, चिट्ठियाँ न हों, अख़बार न हों—भरसक तुम्हारे पास की किसी जगह, ताकि तुम्हारी मौजूदगी और तुम्हारा साथ मेरे अंदर के ख़ालीपन को भर सके। कभी-कभी नासमझी-भरी यह ख़्वाहिश होती है कि मैं बीमार पड़ जाऊँ और बिस्तर पर पड़ा रहूँ, लेकिन वह बीमारी संगीन न हो। मैं सोचता हूँ कि सुस्त पड़ा रहना और दिमाग़ जब नारज़ामंद और बागी हो तो इस या उस काम के लिए मज़बूर न किया जाना कितना सुखकर होगा!

अब तुम्हें 'नेशनल हेराल्ड' मिल रहा है? उससे तुम्हें ख़बरें मिलेंगी, बासी, मगर फिर भी तुम्हारे लिए भारत की ख़बरें। मैं अक्सर सोचता हूँ कि यहाँ से क्या चीज़ भेज सकता हूँ, जो तुम्हारे लिए दिलचस्प हो। लेकिन शायद ही कोई ऐसी चीज़ है, जिसे मैं तुम्हारे पास भेज सकूँ और लड़ाई के ज़माने में किसी तटस्थ देश में पार्सल भेजना एक वबाल है। फिर भी अगर तुम किसी चीज़ के बारे में सोच सको तो मुझे बताना...

इसलिए कि इतने लंबे अर्से तक तुम्हें अपने सोने के कमरे में, ख़ासतौर से बिस्तर पर क़ैद रहना पड़ा है, तुम्हारे पिछले ख़त में उदासी की एक झलक पाकर मुझे अफ़सोस हुआ है। बेशक, यहाँ उबानेवाली बात है, लेकिन जब कोई तंदुरुस्ती और क्रियाशीलता की जिंदगी की योजना बना रहा हो तो कुछ हफ़्तों की क्या अहमियत है? जल्दी ही तुम तेज़ी से तरक्की करने लगोगी। यह निहायत ग़ैरमामूली ठंड भी राह में आई होगी। अगर टेम्स की ऊपरी सतह जम गई थी और लंदन में 25° से 30° पाला था तो लेसिन का क्या हाल रहा होगा। वहाँ तुम्हारा कम-से-कम बुखार कितना रहा। यहाँ जाड़ा ग़ैर- मामूली तौर पर हस्का रहा और जनवरी का आख़िरी हफ़्ता इंग्लैंड की गर्मियों के मौसम जैसा था। अभी ही यहाँ हवा में बसंत की गंध है, और जल्दी ही वसंतपंचमी आ पहुँचेगी। मौसम एक के बाद एक आते हैं, पेड़ लहलहा उठते हैं, फूल लिखते हैं, जबकि हम बेचारे मरणशील मानव अपने मसलों, और एक-दूसरे के साथ लड़ाई में उलझे रहते हैं, और होशियारी और मेहनत से बनाई गई चीज़ों को बरबाद करते हैं।

क्या तुम एफ़ी एरिस्टार्की के बारे में कुछ जानती हो?

प्यार।

**तुम्हारा प्यारा,**

**पापू**

# 49. इंदिरा नेहरू को[1]

**22 फ़रवरी, 1940**

**प्यारी इंदु,**

9 फ़रवरी के तुम्हारे पिछले ख़त ने मुझे घबराहट में डाल दिया है। बेशक, लगातार आराम करते रहना बहुत ख़ुशी की बात नहीं है, और तुम्हारे यहाँ जो ख़ौफ़नाक ठंड है, वह भी उबानेवाली होगी। लेकिन क़िताबों और अख़बारों की कमी की तकलीफ़ एक ऐसी बात है, जिसका मुझे ध्यान ही नहीं आया था। मैं अच्छी तरह जानता हूँ कि अगर मुझे इनके बिना काम चलाना पड़े तो मैं कैसा महसूस करूँगा। इसके सिवा मैं सब कुछ बर्दाश्त कर सकता हूँ। लेकिन फिर भी अगर मेरे पास कागज़ की कमी न हो तो मैं लिख सकता हूँ, लेकिन लिखने की मेरी चाहे जितनी ख़्वाहिश हो, अगर कोई दूसरा काम या दिल बहलानेवाली बात न हो तो थोड़ी देर बाद वह मुझे उबा देगा। मुझे कभी यह ख़याल नहीं आया कि इंग्लैंड से क़िताबें मँगाने से ज़्यादा दिक़्क़त होगी, और यह मुझे बेतुका जान पड़ा कि मैं यहाँ से क़िताबें भेजूँ, जब तक कि यहाँ से छपी न हों। तीन दिन पहले से, जब मुझे तुम्हारा पत्र मिला था, मैं अपनी लायब्रेरी से ऐसी क़िताबें छाँटने की कोशिश कर रहा था, जिन्हें तुम्हारे पास भेज सकूँ। क़िताबें तो बहुत-सी हैं, लेकिन चुनाव करना इतना आसान नहीं हैं। तब मैं किताबिस्तान गया। वहाँ भी चुनने को कुछ ज़्यादा नहीं था। उन्होंने शिकायत की कि क़िताबें आ नहीं रही हैं। फिर भी मैंने कुछ क़िताबें चुनीं और उन्हें आज पार्सल पोस्ट से भेजा गया है। मुझे उम्मीद है, वे मिल जाएँगी। कोई नहीं जानता कि लड़ाई के इस ज़माने में चिट्ठियों और पार्सलों का क्या होता है।

जो क़िताबें भेजी गई हैं, मैं उनकी एक फेहरिस्त भेज रहा हूँ[2]। उनमें से कई क़िताबें मैंने पढ़ी नहीं हैं, लेकिन वे मुझे दिलचस्प जान पड़ीं, ख़ासतौर पर चीनी साहित्य के बारे

---

[1] इंदिरा गांधी के कागज़ात, ने. स्मा. सं. पु.।

[2] (क) लिटरेचर एंड सोसायटी - डेविड डेचेज, (ख) द मदर – कैरेल कैपेका, (ग) वीक-एंड कारवाँ – एस. हिलेल्सन, (घ) डिंग- डाग बेलू-वाल्टर डे ला मेयर, (ङ) द ऑक्सफोर्ड बुक ऑफ़ इंग्लिश वर्स - 1250-1918 - सर आर्थर क्विलरकोच, (च) द ड्रेगन बुक - ई. डी. एडवर्ड्स, (छ) द लाइट ऑफ एशिया - सर ऐडविन आर्नाल्ड, (ज) द सॉग सेलेस्टियल - सर ऐडविन आर्नाल्ड, (झ) अर ऑफ़ द कैल्डीज - सर लियोनार्ड वूली, (ञ) म्यूचुअल एड - प्रिंस पीटर क्रोपाटकिन।

में ड्रैगन बुक। कैपेक हमेशा पढ़ने लायक़ होते हैं। 'द ऑक्सफोर्ड बुक ऑफ़ इंग्लिश वर्स' बहुत अच्छा संग्रह है। क्रोपाटकिन की क़िताब पुराना क्लासिक है - शायद पढ़ने में बोझिल, लेकिन फिर भी अक्सर ग़ैरमामूली तौर पर दिलचस्प। मैंने आर्नाल्ड की दो छोटी क़िताबें भी रख दी हैं : 'द लाइट ऑफ़ एशिया' और 'द सांग- सेलेस्टियल'। किताबिस्तान ने इन दोनों का भारतीय संस्करण हाल ही में प्रकाशित किया है

अगर लाचार होकर तुम्हें फिर 'ग्लिंप्सेज ऑफ़ हिस्टरी' पढ़नी पड़े तो यह तुम पर ज्यादती होगी। अगर कोई चाहे कि मैं फिर उसे पढ़ूँ तो उसे मुझे कुछ इनाम देना होगा। उसका संशोधन करना भी काफ़ी बुरा था। मैंने उसका प्रूफ देखने से इंकार कर दिया था।

मैं अगाथा को लिख रहा हूँ कि वह तुम्हारे लिए कुछ क़िताबों और अख़बारों का इंतज़ाम कर दे और इनके लिए मैं उसे पाँच पौंड भेज रहा हूँ। क्या तुम उसे बता दोगी कि तुम क्या पाना चाहती हो?

मैं 'हरिजन' और 'हिंदू इलस्ट्रेटेड वीकली' को भी तुम्हारे पास बराबर भेजने का इंतजाम कर रहा हूँ। ये बहुत दिलचस्प तो नहीं हैं, फिर भी कुछ हद तक तुम्हें यहाँ के हालात की जानकारी देते रहेंगे। यानी अगर ये तुम तक पहुँच जाएँगे। ज़ाहिर है कि 'हेराल्ड' तुम्हें नहीं मिल रहा है। अभी मुझे इसके बारे में कुछ करने को और कुछ नहीं सूझ रहा है। अगर मुझे कुछ सूझ गया तो मैं उसके मुताबिक काम करूँगा।

क्या डॉ. रोलियर ने तुम्हारे लिए किसी दस्तकारी का सुझाव नहीं दिया? मैंने समझा था कि वह उनके इलाज का एक हिस्सा है और बहुत अच्छा हिस्सा है। मेरे मन में आया कि मैं तुम्हें एक तकली भेज दूँ। हाल में मैं कभी-कभी सूत कातने लगा हूँ, यानी जब मैं इलाहाबाद में होता हूँ तब और मुझे इससे बड़ी तस्कीन मिलती है। तुम बुनाई कर सकती हो, जैसे तुम इंग्लैंड में करती थीं। या फिर कार्डबोर्ड से दिल बहला सकती हो। मैंने सुना है कि बुनियादी स्कूल के लड़के यहाँ कार्डबोर्ड से दिलकश डब्बे और दीगर चीजें बनाते हैं। यह लुभावना दिलबहलाव है।

लेकिन मुझे उम्मीद है कि जब तुम्हें यह ख़त मिलेगा, तब तक तुम कुछ और ज़्यादा चलने-फिरने लगी होओगी। उस वक़्त वसंत नज़दीक आ रहा होगा और उसकी गंध तुम्हें ताज़गी देगी। तुम तगड़ी होती जाओगी और कमज़ोरी की तमाम निशानियों को अपने ज़िस्म से निकाल बाहर करोगी। मैं चाहता हूँ कि मैं अपने ज़िस्म से कुछ वज़न का तबादला तुम्हारे से कर सकता। मैं घिनौने तौर से गुलथुल हुआ जा रहा हूँ। शायद मैं बढ़ा-चढ़ाकर कह रहा हूँ, लेकिन इसकी ओर झुकाव है और इसके बारे में मैं फ़िक्रमंद हूँ। हिंदुस्तानी लिबास, धोती और पायजामा दोनों ही, किसी भी नाप की कमर के साथ ताल-मेल बैठा लेते हैं और किसी को उसकी नाप के फ़र्क़ का पता नहीं चलता। जब मैं पिछले अगस्त में चीन गया था तो मैंने यूरोपीय लिबास पहना था और मुझे फ़ौरन पता

चल गया कि सब कुछ ठीक-ठाक नहीं है। पिछले दिनों बंबई में मैंने अपना वज़न लिया था और यह जानकर सहम उठा था कि मैं 143 पौंड तक पहुँच गया हूँ। किसी भी वक़्त मेरा जितना वज़न था, यह उससे तीन पौंड ज़्यादा था। यह सही है कि उस वक़्त मैं पूरे लिबास में था और एक वज़नी शेरवाली पहने हुए था। फिर भी! वज़न करने की एक दूसरी मशीन ने, एक पखवाड़े बाद, मेरा वज़न 135 पौंड बताया, जो कहीं ज़्यादा तस्कीन देनेवाला था। शायद दोनों ही मशीनें ग़लत थीं। जो भी हो मैं डर गया, और लंबे अर्से के बाद, मैंने फिर कुछ कसरतें शुरू कर दीं। बेशक, ऐसा तभी कर सकता हूँ, जब इलाहाबाद में होता हूँ। उनकी वजह से मैं कुछ बेहतर महसूस कर रहा हूँ, या किसी भी तरह, मैं अपने को बेहतर समझता हूँ और इससे फ़र्क पड़ता है।

अब मेरा पैर 95% ठीक है। यह अजीब बात है कि इस तरह की छोटी- मोटी बीमारियाँ चिपटी रहती हैं। इसके लिए मैंने बंबई में बिजली के झटके लिए थे, जिनसे फ़ायदा हुआ है।

मैंने तुम्हारे उन रंगीन फ़ोटोग्राफ़ों को बार-बार देखा था, जिन्हें फीरोज़ ने मेरे पास भेजा है। वे बहुत अच्छी है और उन्हें देखते रहना बड़ा अच्छा लगता है। लेकिन वे बहुत छोटी हैं, और मैं नहीं जानता कि उन्हें बड़ा कैसे बनाया जा सकता है। अपने काटैक्स कैमरे में मैंने सारी, या लगभग सारी, दिलचस्पी खो दी है। वह उपेक्षित पड़ा है। मैं चाहता हूँ कि इसे तुम अपने साथ ले गई होतीं। जो भी हो, यह कभी-न-कभी तुम्हारे पास पहुँचेगा और तब किसी काम आ सकेगा।

दो-तीन दिनों में गंगा रैना के साथ मक्खी अटल[1] की शादी हो रही है और अनगिनत पार्टियाँ और दावतें होनेवाली हैं। दुनिया भाड़ में जाए, लेकिन ये हिंदुस्तारनी शादियाँ अपनी तमाम बरबादियों के साथ, पुराने दस्तूर के मुताबिक होती रहेंगी। मैं कहीं अपने को इतना बेठिकाने नहीं महसूस करता, जितना इन दावतों में और मैं शायद ही कभी उनमें शरीक़ होता हूँ। लेकिन मौक़े पर, कम-से-कम एक बार, मुझे हाज़िरी देनी पड़ेगी, वरना तरह- तरह के ग़लत राजनैतिक अनुमान लगाए जाएँगे।

मैं एक नई क़िताब पढ़ रहा था, जिसे नए साल के मौक़े पर एलेक्स फ्रेजर ने मुझे भेजा था। क़िताब वॉन पैसें[2] की 'डेज ऑफ़ अवर ईयर्स' थी। यह एक प्रेस-संवाददाता के जीवन और साहसिकताओं का विवरण है और बहुत दिलचस्प और पढ़ने लायक़ है। तुम अगाथा से कह सकती हो कि वह तुम्हारे लिए इसे भिजवा दे। तुम 'ग्लिप्सेज' की एक

---

[1] जयकुमार अटल (जन्म, 1914) आई. एस. सी. में शामिल हुए; 1947 के बाद भारतीय विदेश सेवा में रहे।

[2] पियरे वॉन पैसें (जन्म, 1895 ) ; निबंधकार; 'दैट डे एलोन : टाइम इज़ नाउ' के लेखक।

प्रति क्यों नहीं पा सकीं। यह वाहियात है। मेरे लिए यह ज़रूरी नहीं था कि मैं कृष्ण से इसका जिक्र करूँ। उन्हें जानना चाहिए था। मैंने उन लोगों के नामों की एक फेहरिस्त उनको भेजी थी, जिन्हें मानार्थ प्रतियाँ भेजी जानी थीं, और तुम्हारा नाम उसमें सबसे पहला था। मैंने तुम्हारा पता नहीं लिखा था। क्योंकि जब क़िताब छपकर निकली उस वक़्त तुम कहाँ थीं, मुझे इसकी जानकारी नहीं थी। कृष्ण से कहो कि वह एक प्रति तुम्हें या मादमाज़ोल हैमरलिन को भिजवा दें।

किसी गंभीर पुस्तक को पढ़ते हुए ( मैं ग्लिंप्सेज का जिक्र नहीं कर रहा हूँ) अगर तुम काफ़ी नोट्स लेती जाओ तो यह अच्छी बात होगी। इससे पढ़ने की गति धीमी हो जाती है और सोचने तथा पुस्तक को जज्ब कर लेने का मौक़ा मिल जाता है। नहीं तो पुस्तक सिर्फ़ एक सरसरी छाप छोड़ती है और बहुत-सी सरसरी छापें भ्रम पैदा करती हैं। मुझे हमेशा याद रहता है कि इरेस्मस (या मध्य युग का कोई दूसरा बड़ा विद्वान) की लायब्रेरी में सिर्फ़ पचास-साठ क़िताबें थीं। मगर फिर भी वह सबसे बड़े विद्वान और महान् ज्ञानी व्यक्तियों में से एक था।

मैं समझता हूँ कि अगर तुम इशारा करो तो लुइसी मोरिन तुम्हें पढ़ने की दिलचस्प सामग्री भेज सकती है।

तुमने फेफड़े की बाईं तरफ कुछ दर्द की शिकायत की है। निश्चय ही, यह बताना डॉक्टर का काम है कि वह क्या है। लेकिन अपनी थोड़ी-सी निजी जानकारी से मैं कहूँगा कि यह कोई फ़िक्र करने जैसी बात नहीं है। प्लूरिसी ग़ैरमामूली तौर पर चिपकनेवाली चीज़ है और कभी-कभी दर्द के साथ चिपकाव और गाढ़ापन पैदा होता है। क्या तुम्हें पता है कि पुराने वक़्त की किसी प्लूरिसी के चलते मुझे अब भी और बार-बार दर्द हो जाता है? जब कभी मेरी तबीयत कुछ ढीली होती है, यह दर्द उभर आता है - या फिर उस वक़्त, मैं थक जाता हूँ। मगर फिर भी, आमतौर पर मैं तंदुरुस्त रहता हूँ पुरानी प्लूरिसी के इस ज़रा से लगाव के चलते ही, एक तरह के बीमा के तौर पर,मैंने अपना वज़न बढ़ने दिया। लेकिन बदक़िस्मती से वज़न ने ग़लत जगह पर घर बना लिया।

स्ट्रोबोस्कोपी और नायलन के तुम्हारे विवरण में मेरी बेहद दिलचस्पी है। मैं उनके बारे में कुछ नहीं जानता, लेकिन तुमने उनका जो विवरण दिया है, वह उत्तेजक है। जब इस तरह के आविष्कार हो रहे हैं, जो मानव-जीवन में इतना अधिक परिवर्तन कर सकते हैं तो रोजमर्रा की हमारी राजनीतिक हास्यास्पद और बचकानी चीज़ जान पड़ती है। मैं चाहता हूँ कि इन दोनों के बारे में तुम मुझे कुछ और जानकारी दे सकतीं - यानी अगर तुम आसानी से ऐसा कर सको तब |

लगभग एक साल, या कम-से-कम दस महीने हो गए, जब से मैंने तुम्हें नहीं देखा। यह एक ज़माने - जैसा लगता है और तुम्हारी एक झलक पाने के लिए तरसता हूँ। हर

थोड़े वक़्त में, मैं चाहे काम करता होऊँ या भीड़ में रहूँ, मेरा दिमाग़ दूर चला जाता है और तुम्हारे आसपास घिरा रहता है, और तुम्हारे नज़दीक होने की इच्छा लगभग मुझे दबोच लेती है। तुम लेसिन में अकेली हो। यहाँ भीड़ के बीच भी एक अकेलापन है। अगर कोई और रास्ता नहीं है तो मैं एक सूटकेस सजाकर यूरोप के लिए हवाई जहाज़ पर सवार हो जाने से अपने को नहीं रोक सकूँगा।

लेकिन इस बीच छोटा नागपुर के रामगढ़ में कांग्रेस अधिवेशन होनेवाला है - मुझे बताया गया है कि वह एक ख़ूबसूरत जगह है, और पहाड़ियों की तलहटी में बसा हुआ है। वह शहरों और उन जैसी चीज़ों से बहुत दूर है। कोई नहीं जानता कि कांग्रेस के बाद क्या होगा। विशाल शक्तियों के हाथों में हम कितने असहाय हैं! हम चीखते-चिल्लाते हैं और समझते हैं कि बड़ा तीर मार रहे हैं, जबकि हम इन ताक़तों के और तक़दीर के क़ैदी हैं। बड़ी चीजें तो दर किनार, जो बिना ख़बर दिए आकर हमें अपने पीछे घसीट ले जा सकती हैं, कांग्रेस के बाद मैं नेशनल प्लेनिंग कमेटी के साथ ख़ासतौर से बँधा हुआ हूँ। यह बड़ी मेहनत का काम साबित होनेवाला है। बहरहाल, मैं इसे शुरू जुलाई में निबटा देने की उम्मीद रखता हूँ।

और अब दूसरे काम में लगूँ। इसलिए फ़िलहाल विदा।

और तुम्हारा भला हो।

प्यार।

**पापू**

# 50. इंदिरा नेहरू को[1]

**27 फ़रवरी, 1940**

**मेरी प्रिय,**

आज रात, एक घंटे के अंदर, मैं पटना जा रहा हूँ और मैंने तय किया है कि जाने से पहले तुम्हें एक छोटा-सा ख़त लिख दूँ। ऐसा नहीं है कि कोई ख़ास बात लिखनी है, लेकिन तुम्हें ख़त लिखना अच्छा लगता है, और मैं नहीं जानता कि पटना में वर्किंग कमेटी के साथ मेरी कैसी गुज़रती हैं। मैं एक चाय पार्टी (मक्खी अटल की शादी के सिलसिले की ) में गया था और वहाँ से लौटकर मैंने देखा कि 18 फ़रवरी का तुम्हारा ख़त मेरा इंतज़ार कर रहा है। मैंने ख़ुशी के साथ तुम्हारी लिखावट देखी। उसी डाक से लंदन से 25 जनवरी का कृष्ण का एक ख़त भी मिला, जो हवाई डाक से भेजा गया था। जहाँ तुम्हारे ख़त में नौ दिन लगे, कृष्ण का ख़त एक महीने बाद पहुँचा। बेशक, यह देर कुछ तो हमारे दोस्त सेंसर की वजह से हुई होगी, जिसे कृष्ण के ख़तों में बहुत ज़्यादा दिलचस्पी इसलिए लेनी पड़ती होगी कि वे राजनैतिक होते हैं। अवश्य ही, उनके कुछ ख़त तो कभी-कभी मुझे मिलते ही नहीं। तुम्हारे ख़त जाती होते हैं, इसलिए उनका हाल अच्छा रहता है।

मुझे यह जानकर ख़ुशी हुई कि तुम बेहतर महसूस कर रही हो और कॉड लिवर आयल और फ़ाइटीन, जो कि फास्फोरस का आवश्यक अंश बनाते हैं, वग़ैरह से तुम्हें फ़ायदा हो रहा है। मुझे यक़ीन है कि मौसम जब ज़रा हलका हो जाएगा तो तुम्हें भूख लगने लगेगी और तुम्हारा वज़न भी बढ़ेगा। मैं यह नहीं मान सकता कि तुम कभी इतनी वज़नी हो जाओगी कि दुबली होने के लिए तुम्हें सूखी घास या किसी और चीज़ की ख़ुराक लेनी पड़ेगी। तुम उस तरह की नहीं बनी हो। लेकिन तुम्हारा वज़न कम-से-कम 100 पौंड होना चाहिए।

तुमने अपनी क़लम की शिकायत की है। मैं फ़िलहाल खुद बहुत उदास हूँ, क्योंकि अभी-अभी मैंने अपनी वह क़लम खो दी है, जो मुझे सबसे ज़्यादा पसंद है। मैं और किसी चीज़ की उतनी सावधानी से हिफ़ाज़त नहीं करता, जितनी अपनी फ़ाउंटेन पेनों की ख़ासतौर से उनकी, जिन्हें मैं पसंद करता हूँ। दरअसल, मैं शायद ही कभी उन्हें खोता हूँ।

---

[1] इंदिरा गांधी के कागज़ात, ने. स्मा. सं. पृ.।

लेकिन आज शाम की चाय पार्टी में मैं ऑटोग्राफ्स दे रहा था और उसे कुछ अजूबा हो गया। वह ग़ायब हो गई।

मैं उदास नहीं हूँ, Cara mia, गो कि दुनिया, और साथ ही मेरी अपनी ख़ास दुनिया, टेढ़ी हो रही है। मैं बिलकुल बेहया हो गया हूँ। अगर तुम जानना चाहती हो कि उदासी क्या चीज़ है तो तुम्हें मुझे भेजे गए कृष्ण के ख़त पढ़ने चाहिए। वह खा - म - खाह बहुत तैश में आ जाते हैं और दुनिया इतनी बुरी है कि वह तमाम तरह की बातें गढ़ने लगती हैं, जो और बुरा है। और उसके बाद बहुतेरी माफ़ियाँ माँगकर वह मुझे ढेर सारी अच्छी सलाह देते हैं, और यह नहीं जानते कि उस सबको मैं कैसे लूँगा। बेशक, वह अच्छी सलाह देते हैं, इसे मैं पसंद करता हूँ। उससे मदद मिलती है। लेकिन मैं चाहता हूँ कि वह इस तरह तैश में न आया करें। यह उनके लिए अच्छा नहीं है। उनका धैर्य कभी उनकी विशिष्टता नहीं रही।

स्टैंस के बारे में फ़ैसला करने की तुम्हें जल्दी नहीं होनी चाहिए। उसे हम फिर तय कर लेंगे और अगर तुम्हारी मर्ज़ी हो तो थोड़े वक़्त के लिए तुम वहाँ जा सकती हो।

तारा अभी अंदर आई है और वह तुम्हें अपना प्यार भेज रही है।

अटल रैना की शादी पूरी धूमधाम और समारोह के साथ हुई। यह पहली कश्मीरी शादी थी, जिसमें मैं अपनी शादी के बाद शामिल हुआ था। 1921 में फूफी की शादी पूरी तरह से कश्मीरी नहीं थी, और उसके अलावा इस तरह के और किसी उत्सव में मैं शरीक़ नहीं हुआ था। छोटी फूफी की शादी मामूली रजिस्ट्रेशन का मामला था। मुझे इस शादी में जाने की ख़ुशी है, क्योंकि मुझे नई पीढ़ी को देखने का मौक़ा मिला। बहुत पहले मैंने जिन बच्चों को देखा था वे सयाने लड़के और लड़कियाँ और नौजवान औरतें हो गई हैं। मेरे दिमाग़ की तस्वीर जहाँ की तहाँ रह गई थी और यह देखकर मुझे अचरज़ हुआ कि वे कितने बड़े हो गए हैं। वे बड़े आकर्षक दीख रहे थे। शादी की पोशोक में गंगा बड़ी ख़ूबसूरत दीख रही थी, बिलकुल गुड़ियों - जैसी।

ख़ुशी की ख़बर! उपाध्याय ने मेरी क़लम ढूँढ़ निकाली। अब सब ठीक। तुम लिखावट में फ़र्क़ देखोगी।

मेरा दिमाग़ एक साल पीछे लौट जाता है। तब क्या हम लोग अल्मोड़ा में नहीं थे? एक दिन मैंने कैक्टस की नोक या पत्तों की एक गड्डी तोड़ ली थी और अब वह मेरे सामने, यहाँ पड़ा है, पूरी तरह से सूखा हुआ। लेकिन मैंने उसे रख छोड़ा है और कभी - कभी मैं उसे उलट-पलट लेता हूँ, क्योंकि यह मुझे अल्मोड़ा की और तुम्हारी याद दिलाता है।

कांग्रेस का वक़्त नज़दीक आ रहा है। पिछले साल मैं मज़मूनों का एक सिलसिला लिखने में मशगूल था - वेयर आर वी? इधर मैं कुछ ख़ास नहीं लिख रहा हूँ, लेकिन

शायद अचानक मैं किसी सिलसिले का धमाका दे सकता हूँ। मेरा दिमाग़ इससे भरा हुआ है, लेकिन मुझे दूसरी बातों का भरोसा नहीं है। वर्किंग कमेटी मेरे दिमाग़ को एक झटका दे सकती है। इस बीच, जहाँ तक हो सके, मैं अपने उन कामों को निबटाने की कोशिश कर रहा हूँ, जिन्हें मैंने हाथ में ले रखा है और पिछले कई दिनों में मैंने काफ़ी काम किया है। मैंने अपने सारे 'क' पत्रों को निबटा दिया है - ( सारे विदेशी पत्रों को, जिनका अंबार लग रहा है ) – लेकिन 'ख' का मोटा ढेर अभी बाकी है। मैंने बहुत बड़ी तादाद में तरह-तरह के कागज़ों पर नज़र डाली है और या तो उन्हें फाड़ डाला है, या फाइल कर दिया है। बेशक, मेरे कमरे की पूरी सफ़ाई हो गई है, यहाँ तक कि मैंने अपनी क़िताबों को भी फिर से तरतीब दी है। एक शाम, खाना खाने के बाद मैंने यूँ ही यह काम शुरू किया था और रात 2.30 तक उसमें जुटा रह गया था। उस आकर्षक और मोहक़ समय में मेरे कमरे का पूरा फर्श वेतरतीबी से बिखरी क़िताबों और कागजात से भरा हुआ था। अगला दिन उन्हें सँभालने -सहेजने में लगा।

अगर मुझे एक पूरा हफ़्ता या कुछ ज़्यादा वक़्त मिले तो मैं अपने कामों के बहुत-से ढीले तारों को कस लूँगा और भविष्य के गहरे कामों के लिए मुझे साफ़ रास्ता मिल जाएगा। मुझे इस तरह की सफ़ाई पसंद है। मेरा दिमाग़ हलका रहता है और काम करने को जी चाहता है। ज़िंदगी के बोझ कम जान पड़ते हैं।

अब मुझे जाना चाहिए। जल्दबाज़ी में खाना और फिर स्टेशन। मैंने बेट्टी को तुम्हारा पता भेज दिया है।

मेरे तमाम प्यार |

**पापू**

•••